FABBRI
EDITORI

La Dottoressa
SCHIAFFAZZI

ACCOPPIAMENTO PRESTO (E LE SUE TECNICHE)

Un libro ironico, tragicomico e molto informativo,
per parlare di sesso e relazioni e riderci su

FABBRI
EDITORI

Pubblicato per

FABBRI EDITORI

da Mondadori Libri S.p.A.

ISBN 978-88-915-8697-1

Progetto grafico e illustrazioni: wetstudio.works

Prima edizione Fabbri Editori: giugno 2022

ACCOPPIAMENTO PRESTO (E LE SUE TECNICHE)

A tutte e tutti voi, Schiaffalovers

«Io sono quella dei fagioli, morirò con i fagioli.
Anzi me li faccio mettere tutti quanti intorno.
Ma non sono solo quella.
E io siccome lo so, la prendo con ironia.
Però vi assicuro che un po' più di senso
dell'umorismo, un po' meno autorappresentazione
di se stessi non farebbe male nel nostro Paese.»

Raffaella Carrà

«I've devoted all of my adult life — all of it —
to pursuing this strange, phantom intersection
between smart and stupid.
And there's a lot of people who believe
the two cannot coexist — but God, I will tell you,
it is something that I believe religiously.
I think when smart and stupid
come together, it's very difficult.
But if you can make it happen, I think
it's the most beautiful thing in the world.»

Conan O'Brien

SOMMARIO

PREFAZIONE

Non conosco personalmente la dottoressa Schiaffazzi e per dirla tutta ancora non sono completamente sicuro della sua esistenza.
Ne ho sentito parlare per la prima volta da un mio amico dell'asilo, Paolo Carburetani, il quale aveva avuto problemi di coppia e si era rivolto alla summenzionata dottoressa. Non seppi mai se li aveva risolti, ma mi ricordai di quel nome quando un amico delle elementari, Giovanni Caprignanico, mi parlò dei suoi problemi di coppia. Gli suggerii quel nome, che avevo sentito molti anni prima, poi non lo vidi più. Quindi neanche in questo caso posso dire se la consulenza di Schiaffazzi sia stata utile, né se i due siano mai entrati in contatto. Pochi minuti dopo incontrai un amico delle medie, Adalberto Senza e, mentre discutevamo della dottoressa Schiaffazzi ci imbattemmo in Bruno Saltalapanca, un caro compagno di liceo. Lentamente ma inesorabilmente fummo circondati da persone che parlavano della dottoressa Schiaffazzi; progressivamente il gruppo si trasformò in folla, e la folla si trasformò in manifestazione pacifica con striscioni che recitavano: SCHIAFFAZZI VIENI

FUORI; SCHIAFFAZZI DIMOSTRA LA TUA ESISTENZA e TUTTI PAZZI PER SCHIAFFAZZI.

Venni accusato di aver organizzato una manifestazione non autorizzata e arrestato. Il funzionario che mi interrogava si rivelò essere un mio caro compagno di università, Piergiorgio Zummi, il quale mi propose come alternativa al carcere la realizzazione di una prefazione a un libro di prossima uscita, di cui però non volle rivelarmi né il titolo né l'autore.

In fede,

Elio

SCHIAFFABOLARIO

ACCOPPIAMENTO PRESTO: è un campo di studi che si pone domande, molto spesso trovando risposte. Grazie a tecniche, idee, suggerimenti e consigli, permette di raggiungere nuovi avamposti del piacere.

MASSAGGIO BOCCALICO: tradizione orale tramandata da millenni, da effettuarsi sul Bon Bon o sulla Sciu Sciu.

MASSAGGIO DITALICO: pratica frizionatoria da effettuarsi sulla Sciu Sciu con le dita. Occhio alle unghie!

MASSAGGIO DIRTELO-BOCCALICO: fradiffione orale framandafa da nillenni, da effettuarfi ful Fon Fon o fulla Fu Fu (tentativo di comunicazione con il/la partner durante la tradizione orale tramandata da millenni, da effettuarsi sul Bon Bon o sulla Sciu Sciu).

BON BON: organo copulatorio, talvolta riproduttivo. Può assomigliare a un cactus, un cetriolo, un fungo chiodino, un paraspifferi da porta, il segnale stradale della curva pericolosa.

MOLE DI ENERGIA: la prova incontrovertibile che un Bon Bon si è trovato bene e ha raggiunto il Momento Frizzantello. Antiche leggende narrano che anche la Sciu Sciu sia dotata di questo potere. Sarà vero?

MOMENTO FRIZZANTELLO: l'apice dell'eccitamento accoppiatico, che culmina in fenomeni neuromuscolari, contrazioni, secrezioni e altre amenità.

PALMEGGIO: pratica frizionatoria da effettuarsi sul Bon Bon con la mano. O con le mani. Quali mani? Tutte quelle che avete a disposizione.

PERLO: intelligenza artificiale inventata dalla Dottoressa Schiaffazzi per testare lo *Schiaffasutra*. Robot umanoide in grado di assumere 1780 posizioni diverse, si presume verrà messo in commercio nel 2035.

SCHIAFFASUTRA: serie di posizioni, sia di semplice esecuzione sia al limite dell'acrobatico, che permettono di accostarsi all'Accoppiamento Presto in maniera pratica.

SCIU SCIU: organo copulatorio, talvolta riproduttivo. Può assomigliare a un'ostrica, una porta, un'orchidea, una conchiglia, una papaya, Lenny Kravitz.

ZONA VIP: la tua parte posteriore. Quella che, se decidi di utilizzarla nell'Accoppiamento Presto, necessita di particolare gentilezza e cura nell'approccio. VIP sta per: «Vorrei Inserirmi, Posso?».

Capitolo 1

UN MIRACOLO DEL CACTUS

Certo non si può dire che sia stato un Miracolo del Cactus.

Però in famiglia l'abbiamo sempre chiamato così.

La storia del mio concepimento l'ho sentita raccontare più volte, da varie voci, e non ne esiste una sola versione.

Quella di mia madre inizia così.

Madre: «Dagli uomini puoi aspettarti solo due cose».

Baby Schiaffa: «Amore e coccole?».

Madre: «Disappunto e herpes».

Per lei tutte le storie finiscono.

Io non ho una tesi in merito ma sono sicura di una cosa: non è il *quando* finiscono che conta, ma il *come*. Nel caso dei miei genitori, è finita *intanto che mia madre era in piedi*.
Mio padre, Giangusto Ranieri Maria, era il secondogenito di una ricca famiglia milanese. Abituato ad avere domestici pronti a soddisfare ogni esigenza, non era riuscito ad adattarsi molto bene alla dimensione matrimoniale. O meglio: si era adattato molto, ma alla poltrona, e soprattutto al suo poggiapiedi imbottito, regalo di uno zio emigrato in Kirghizistan a cui era legatissimo (al poggiapiedi, non allo zio). Questo binomio padre-poggiapiedi è stato uno dei ricordi simbolo della mia infanzia fino al momento in cui, all'ennesima richiesta di mio padre Giangusto Ranieri Maria che cominciava con: «Natalia, intanto che sei in piedi potresti prendermi *[aggiungere alimento/oggetto a piacere]*?» è successo questo. Mia madre, *intanto che era in piedi*, ha preso la porta e non è più tornata.

Non è più tornata a casa, va detto, ma è rimasta ad abitare nello stesso isolato. Da allora, io e mio fratello Roderigo Maria, a distanza di qualche centinaio di metri l'una dall'altra, abbiamo avuto a disposizione più case. La mia preferita, in assoluto, è sempre stata quella dei miei nonni: Landolfo Tomasi Maria ed Evelinda Gertrude Mignonette.

Ma ben prima della migrazione di mia madre c'era stato il mio concepimento e, ancora prima, ovviamente, l'incontro tra i miei genitori.

Mio padre conosce mia madre durante una festa da ballo a Saint-Tropez. Lei fa l'au pair di una famiglia dell'Upper East Side di Manhattan, tant'è che lui, dopo diversi anni, l'avrebbe chiamata ancora: «La mia Upper au pair», sorridendo da solo del suo gioco di parole. La relazione non sarebbe dovuta durare più di un'estate. Invece, contro ogni previsione, mio padre chiede a mia madre di continuare a frequentarsi a Milano, dove entrambi vivono.
Durante tutto il primo anno della loro storia, escono di nascosto. All'inizio, lei non dà molto peso a questa riservatezza finché un giorno, mentre camminano lungo un vialetto di Parco Sempione, mio padre non incrocia un suo vecchio amico e, senza perdere tempo, si lancia in un cespuglio pur di non parlargli. Ancora oggi mia madre racconta quell'episodio sostenendo di non aver fatto un *plissé*. Aveva già intui-

to che i comportamenti di mio padre celavano qualcosa; lui infatti aveva subito giustificato quel carpiato tra le frasche millantando un'illuminazione artistica, una non ben definita ricerca di *foliage* per una nuova opera. Le composizioni di mio padre erano originali e ardite, come le sue scuse per non presentare mia madre agli amici.

Un giorno è seduta a un tavolino del Bar Jamaica, storico locale milanese vicino all'Accademia di Belle Arti di Brera che mio padre e i suoi amici erano soliti frequentare. Sa di trovarlo lì e si presenta da sola, per scoprire se abbia o meno un'altra fidanzata. Al Bar Jamaica sono gli anni di Balestrini, Fontana, Quasimodo. Poco avvezza al mondo dell'arte, in attesa dell'arrivo di mio padre, mia madre si mette a parlare con un ragazzo dallo sguardo penetrante. La chiacchierata si fa lunga e mia madre si ritrova a raccontargli della sua relazione e del particolare riserbo del fidanzato. Per quanto le piaccia, forse nasconde qualcosa. Il ragazzo le chiede se abbia il dubbio che mio padre intrattenga altre relazioni. Mia madre gli risponde con un detto popolare che usava ripetere la mia bisnonna quando le facevano presente che suo marito la tradiva con tutto il paese: «Meglio dividere una fetta di torta in tante, che una merda da sola».

«A meno che non sia una merda d'artista!» replica lui e poi, come folgorato da una visione, scusandosi in fretta, corre fuori dal bar scontrandosi con mio padre che arriva proprio in quell'istante. Avvicinandosi a mia madre, le chiede stupito: «Ma conosci Piero?».

«Piero chi?» domanda lei.

«Quello» dice mio padre indicando il ragazzo uscito di corsa. «Piero. Piero Manzoni.»

In quel momento, un amico di mio padre li raggiunge e gli chiede chi sia la ragazza con cui sta parlando e mio padre asserisce serenamente: «L'*au pair* di mia zia!».

Fu così che mia madre ebbe la conferma che, oltre a dedicarsi all'arte, mio padre era anche dedito a quello che oggi chiamiamo *stashing*.

STACCI MA SENZA STASHING

Non ti ha mai presentato i suoi genitori?

«Mia madre è proprio antipatica con le fidanzate, ti farebbe domande super scomode tipo con quanti ti sei accoppiata prima di me. Voglio proprio toglierti da questo imbarazzo... Lo faccio per te!»

Trova scuse per non pubblicare foto con te sui social?

«Sono venuta malissimo, non posso mica pubblicarla... Sembro mia zia Adalberta.»

«Ma tua zia Adalberta è morta il mese scorso.»

«Appunto!»

Se state molto bene insieme ma dopo mesi di relazione non hai un ruolo nella vita pubblica e sociale dell'altra persona, molto probabilmente stai subendo lo *stashing*. *Stash* in inglese significa *nascondiglio*, ma anche *riserva, mettere da parte.*

Perché succede?
L'altr* potrebbe pensare che la storia durerà poco, oppure che tu non sia una persona su cui valga la pena investire.
Partiamo dal presupposto che durante il primo periodo è normale che non si condivida la vita sociale, ci vuole tempo per conoscersi, scoprirsi e prendere le misure.

Ma dopo mesi?
Non devi appostarti sotto casa.
La cosa migliore è fare un test.

HAI UNA RELAZIONE CLANDESTINA/SEI L'AMANTE DI QUALCUNO?

Salta il test, che ci fai qui? Piuttosto pensa a come nasconderti meglio la prossima volta!

DA QUANTO TEMPO USCITE INSIEME?

Se la risposta è: «Meno di due o tre mesi» allora puoi interrompere il test e il problema è tuo: una relazione non si definisce dopo poco. Certo, ci sono coppie che vanno a convivere nel giro di tre settimane, ma molte persone hanno bisogno di tempo. Lasciaglielo e goditi l'inizio di questa storia.

LA PERSONA CON CUI STAI VIVE LONTANA DAI PARENTI?

Non stressarla, altrimenti uno di questi giorni assumerà due attori per interpretare i genitori solo per farti content*.

PUBBLICA UN SACCO DI FOTO SUI SOCIAL MA TU NON CI SEI MAI? OPPURE TI TAGLIA? OPPURE NON VUOLE CHE TU PUBBLICHI FOTO CON LEI/LUI?

Allora adesso E SOLO ADESSO possiamo iniziare a farci delle domande. Che infatti ci stiamo già facendo.

TROVA SCUSE PER FREQUENTARE SEMPRE POSTI NUOVI, DOVE PROBABILMENTE NON INCONTRERÀ NESSUNO

CHE CONOSCE E SE CAPITA DI IMBATTERSI IN QUALCUNO CHE CONOSCE, FA IL VAGO/LA VAGA O TI PRESENTA MANTENENDO LE DISTANZE, MAGARI DICENDO: «... LEI/LUI È UNA MIA AMICA/UN MIO AMICO»?

Adesso E SOLO ADESSO possiamo iniziare a preoccuparci e a cercare risposte.

La cosa migliore è chiedere a lui/lei se c'è qualche problema e prestare attenzione ai segnali che potrebbero toglierci il dubbio.

SCHIAFFA-THERAPY

Cara Doc,

io e il mio ragazzo, che affettuosamente ci chiamiamo Scoiattolino e Scoiattolina, eravamo in macchina insieme, fermi al semaforo. Un'altra macchina si accosta. Vedendo chi è alla guida, Scoiattolino diventa nervoso. Appena scatta il verde, parte sgommando. Non capendo, chiedo chi ci fosse nella macchina da cui sembra che stiamo letteralmente scappando. Scoiattolino risponde: «Mio fratello». Mi rendo conto all'improvviso che stiamo insieme da sei mesi ma io non ho mai conosciuto nessun amico o parente di Scoiattolino. E le poche volte che gli ho chiesto qualcosa in merito lui ha sempre cambiato discorso. Cosa posso fare?

Scoiattolina91

Cara Scoiattolina91,
dopo sei mesi direi che
hai il diritto di chiedere spiegazioni.
Certo, è possibile che Scoiattolino
e suo fratello Scoiattolone
si divertano a fare gare automobilistiche
clandestine, magari è una cosa tutta loro,
una tradizione di famiglia (ognuno ha le sue)
ma se ti ha completamente esclusa dalla
sua vita, è giusto che ti comunichi
il motivo di questa decisione.

Ricordati sempre che
non sei un abat-jour!
Non sei nella *Bella e la Bestia*:
se vuoi una relazione, non devi dare
a nessuno il potere di trasformarti
in un soprammobile.

Mio padre non celava la storia con mia madre per via di altre fidanzate, ma solo per un motivo: non voleva che mia nonna lo scoprisse. Evelinda Gertrude Mignonette era una donna dal piglio autoritario e dotata di brillante acume; suo figlio credeva che non avrebbe mai approvato l'unione con mia madre, una ragazza di ceto sociale molto più basso, sebbene intelligente e caparbia. Lei invece stupì tutti quanti quando non solo accettò che mio padre si sposasse, ma accolse mia madre come la figlia che non aveva mai avuto.

Tant'è che quando mia madre, *intanto che era in piedi*, se ne andò, fu la prima ad aprirle la porta di casa e fu lei a suggerirle di non tornare indietro, dicendole: «Sei una donna coi piedi per terra, mio figlio li tiene sul poggiapiedi: è ovvio che non possa funzionare!». Un sodalizio tutto al femminile che gli uomini di casa temevano e guardavano con malcelato sospetto.

Fu sempre lei che, anni prima, aveva consigliato ai miei genitori la vacanza che divenne il teatro del Miracolo del Cactus.

Giangusto Ranieri Maria e Natalia desiderano metter su famiglia. Nonostante i tentativi, nessun discendente arriva. Quando partono per passare l'intera estate alle Isole Pelagie, hanno quasi perso le speranze. Una sera, dopo settimane di sole, salsedine, riposo e accoppiamenti spensierati, seduta in mezzo alla natura ad ammirare il tramonto di Porto Empedocle, mia madre percepisce una sensazione stranissima. Si volta e lo sguardo le cade su un cactus poderoso, che si erge a pochi passi da lei. Il cactus sembra ricambiare lo sguardo. Il giorno dopo, mia madre scopre di essere incinta.

Quando qualcuno in famiglia cita il Miracolo del Cactus – solitamente a Natale, è successo assiduamente per almeno i primi dieci anni della mia vita ma non si è mai smesso di parlarne – mio padre Giangusto Ranieri Maria è solito commentare: «Non ho mai avuto dubbi sulla forza della mia Mole di Energia. Dopotutto, discendiamo da una famiglia illustre che ha abbacinato la storia non solo d'Italia ma d'Europa. Tra i nostri antenati, d'altra parte, c'è Bartolomeo Colleoni, mica un soldatuccio qualunque!».
Negli anni della mia adolescenza, ogni qualvolta mio padre faceva riferimento agli antenati, mio fratello Roderigo Maria diceva: «Che due Colleoni!» e io aggiungevo: «Ma anche tre!».

Capitolo 2

SE TI LANCIANO LE BRICIOLE, RICORDATI CHE NON SEI UN PICCIONE

Ogni volta che vado a Venezia, passo in Campo Santi Giovanni e Paolo a salutare Bartolomeo Colleoni. A onor del vero, mio fratello Roderigo Maria l'ha sempre chiamato zio Barto, anche se non sapeva che ruolo rivestisse nella linea di discendenza. Ciò che sperava, però, era di non aver ereditato la caratteristica del Colleoni. Ogni anno, il giorno del suo compleanno, annunciava che non gli era cresciuto nulla di nuovo e che i Colleoni in famiglia erano sempre pari. La notizia veniva accolta con non poco entusiasmo e sollievo.

Quando passo da lui, zio Barto è in compagnia: i piccioni saltellano allegri intorno alla statua e c'è sempre qualche turista disposto a lanciar loro le briciole. **I piccioni si accontentano, vivono docili la loro vita di uccelli svolazzando di qua e di là. Mi chiedo sempre, guardandoli: "Ma si può essere davvero felici solo con le briciole?".** Quello che non tutt* sanno è che il rapporto tra gli esseri umani e i piccioni risale a moltissimo tempo fa. La convivenza con il pennuto è cominciata nel 3000 a.C.; i piccioni sono molto intelligenti, tanto da essere considerati al pari dei primati sotto certi aspetti. Tra le varie cose, hanno dimostrato di sapersi riconoscere allo specchio. Alcuni di loro sono stati eroi di guerra e hanno salvato numerose vite. Il piccione vale molto più di ciò che pensiamo. Ma a quanto pare si accontenta delle briciole. E noi?

Ultimamente ha preso piede il termine *breadcrumbing*: una persona che cerca di mantenere vivo il tuo interesse nei suoi confronti lanciandoti briciole d'attenzione, ma che in realtà non vuole farti recapitare l'intera pagnotta. Queste persone che tentano di *piccionarti* non sono comparse da poco, ci sono sempre state, ma con l'avvento dei social e delle app di messaggistica hanno preso il sopravvento e l'abitudine di intessere rapporti superficiali. Cambiano i nomi ma la sostanza è la stessa.

Io li chiamo Bon Bon Bla Bla.

Da bambina chiedevo sempre a Tata Rosana di raccontarmi una storia. La mia preferita era questa: *La leggenda del Bon Bon Bla Bla.*
La mia Tata la cominciava sempre così: «A Patrasso, la città dove sono nata...».
«Ma tu sei di Capriate San Gervasio, Rosana» dicevo io.
«Appunto. Dicevamo. Nella regione del Peloponneso...»
«Ma Capriate San Gervasio è in provincia di Bergamo, Rosana» dicevo io.
«Ma fammi finire!» che era la stessa cosa che Rosana diceva a suo marito quando si accoppiavano.
«Scusa, Rosana!» che era la stessa cosa che le diceva suo marito quando si accoppiavano, ma questa è un'altra storia.
«Dicevamo... In Grecia si narra la leggenda della fanciulla Aulampia che si era innamorata del legionario romano Hirtius, uno straniero – o, come venivano chiamati dagli Elleni, un barbaro – possente,

muscoloso e affascinante. Passavano intere giornate insieme, sebbene appartenessero a due civiltà differenti e non parlassero la stessa lingua. L'attrazione era palese: Hirtius si spendeva in amabili complimenti nei confronti della fanciulla, che presagiva il momento in cui le parole si sarebbero trasformate in realtà e i loro corpi avrebbero composto i versi dell'Accoppiamento. Un giorno, Hirtius le disse: "Mia cara, domani ti farò conoscere il mio Bonus" e Aulampia chiese, perplessa: "È un tuo amico?".

"Be'," rispose lui "diciamo di sì. È il mio *gladio dell'amore!*". E per lei, che ormai con la lingua di Hirtius aveva un buon rapporto, tutto fu chiaro. Confidò alle amiche che non vedeva l'ora di conoscere il Bonus del suo barbaro, che già senza aver mai visto chiamava affettuosamente Bon Bon Barbaro. Per questo aveva pianificato tutto nei minimi dettagli: aveva fatto consacrare, dall'auspice di famiglia, il suo talamo. Il dio Eros adesso vegliava su di lei. Era pronta al momento tanto atteso, ma il giorno successivo lui non si presentò. Arrivò dopo due giorni, dicendole: "Mia cara, perdona la mia assenza, domani parleremo la lingua dell'amore". E Aulampia, rassicurata, organizzò tutto di nuovo. Ma per propiziare ulteriormente il momento, decise fosse necessario preparare un

banchetto per accoglierlo degnamente. Il giorno successivo, però, di lui non vi fu di nuovo traccia. Dopo una settimana, Hirtius fece ritorno, prostrandosi ai piedi dell'amata e promettendole accoppiamenti sfolgoranti ancora per il giorno successivo. Andò avanti così per due mesi finché, affranta, Aulampia non si recò dalle amiche raccontando l'accaduto. Tutte sapevano. E glielo dissero apertamente: "Aulampia, tu hai una relazione chiacchierata!".
"Nel senso che tutti spettegolano su di me?" chiese lei.
"No, nel senso che quello parla parla ma di accoppiamento non v'è traccia!"
E Aulampia replicò: "Ma lui mi piace così tanto! Io voglio scoprire il suo potente Bon Bon Barbaro!".
"Ma quello chiacchiera," continuarono le amiche "non è un Bon Bon Barbaro... è un Bon Bon Bla Bla!"
E così la fanciulla non poté fare a meno di rendersi conto che non ci sarebbero stati accoppiamenti, linguaggio di corpi, versi dell'amore. Ma solo chiacchiere.»

IL RAPPORTO SBRISOLONE CON IL BON BON BLA BLA

Lo stelo di giada, lo smargiasso cavernoso, il timido ma non troppo, la banderuola del desiderio, Magnum Ce L'hai, Billy Laido, il Presidente Mattarello. Può avere tanti nomi, ma in mia presenza si chiama solo e sempre Bon Bon.

Uno dei primi argomenti che ho affrontato quando ho intrapreso la mia opera di divulgazione online (o meglio che ho dovuto toccare perché sentivo che ce n'era estremo bisogno) è proprio questo: uomini che ti lanciano briciole ma che non ti fanno mai recapitare l'intero sfilatino. Uomini che parlano parlano, messaggiano messaggiano, ma che non ti chiedono mai di uscire. Uomini che entrano a far parte della tua vita e ci si adagiano, tenendo non uno ma ben due piedi sulla porta. Acrobati? No.

BON BON BLA BLA

Sono intorno a noi. Sono pericolosissimi. Diventa sempre più difficile contenere il fenomeno. Ogni giorno mi giungono richieste d'aiuto da ogni dove.

Avrei potuto mettere questo capitolo molto più avanti, ma ho deciso di inserirlo all'inizio del libro per dare, anche a chi legge solo le prime dieci pagine (e poi si rompe i Colleoni), la possibilità di apprenderne le caratteristiche, riconoscerli ed evitarli.

Come individuarne uno, dunque?
Il Bon Bon Bla Bla è una persona dotata di Bon Bon che sembra interessata a te: ti cerca, ti corteggia con messaggi carini e stuzzicanti, a volte ti telefona, chiacchiera anche per ore. Sebbene questa *entrée* possa sembrare molto appetitosa, il BBBB non ha

nessuna intenzione di invitarti a pranzo. Ma nemmeno a cena. Figuriamoci per il dopo cena! Di solito, sparisce e non si fa sentire per giorni e quando torna fa finta di nulla, oppure si scusa gentilmente, prima di riprendere col suo abituale comportamento ambiguo. Questo atteggiamento solletica la curiosità e genera attrazione.
Con lui ci sarà sicuramente del flirt, probabilmente molte allusioni, magari del *sexting*, ma mai, MAI abiti che volano e lenzuola stropicciate.

Come si riproduce?
Non si riproduce.
Non può, anzi: non vuole!
Non lo vedrai mai, perché il BBBB ti cerca solo online.
È effimero, come un Houdini dell'Accoppiamento.
È un ninja della messaggistica.

Come si fa a evitare di cadere nella rete di un Bon Bon Bla Bla?
È impossibile.
I dati confermano che il fenomeno è in aumento ed è difficilissimo capire subito se la persona con cui ti stai approcciando appartenga a tale categoria. Quello che però puoi fare, una volta scoperta la sua

natura, è chiudere i rapporti il prima possibile. Perché il Bon Bon Bla Bla è concentrato solo su se stesso, non ha nessun vero interesse nei tuoi confronti e soprattutto è una specie letale per la tua autostima perché invia segnali contrastanti: un giorno è tutto preso e interessato, il giorno dopo è introvabile. I segnali positivi finiscono per alimentare le tue aspettative e le tue speranze, quelli negativi ti portano a chiederti se hai fatto o detto qualcosa di sbagliato, addossandoti la colpa del suo allontanamento.
In pratica, avere a che fare con un BBBB è come vivere dentro un minipimer di emozioni che però non ti frulla mai come dovrebbe.

Ma perché lo fa? Perché illude? Perché ti cerca se sa benissimo di non volere una storia?
Perché ha bisogno di attenzioni, conferme, o può darsi sia già impegnato in una relazione e voglia solo svagarsi con qualche messaggio; magari è in un

momento difficile della propria vita e vuole sentirsi desiderato. Probabilmente cerca di occupare il tempo in modo leggero, divertendosi un po', facendo *sexting* o *coccoling*. Tutt* abbiamo necessità, chi più chi meno, di essere oggetto del desiderio di qualcuno. Ma il BBBB crea un bisogno e poi fa dell'assenza una forma di potere per compiacere il proprio ego.

Se non vuoi un rapporto sbrisolone fatto solo di briciole e molliche avanzate, allontanati: ti meriti l'intero sfilatino!

Schiaffa SUTRA

L'ATTACCAPANNI

Devo ammetterlo, una delle mie passioni è montare mobili Ikea. Mi piace costruire, sperimentare, vedere che da tanti piccoli pezzi si erge qualcosa di grande e solido. A volte, se non si leggono bene le istruzioni, non così solido. È il caso di una gigantesca libreria che avrei dovuto utilizzare per riporre tutti i libri che ho letto sull'argomento Accoppiamento (spoiler:

tantissimi) e che ho montato insieme a Perlo. Ma il mio assistente robot, sebbene sia in grado di assumere 1780 diverse posizioni nell'ambito dello Schiaffasutra, *è incapace di leggere anche le più basilari istruzioni di montaggio. E così, al termine del lavoro, la libreria sembrava uscita da un quadro di Picasso e, come se non bastasse, nell'arco di trenta secondi è crollata addosso al povero Perlo che, fortunatamente, è infrangibile. Seduta sul pavimento, attorniata da scatoloni pieni di libri, una libreria scomposta e un Perlo che si lamentava (non soffre, ma è bisognoso di attenzioni come la maggior parte dei maschi), mi sono trovata a riflettere sull'importanza delle istruzioni, su come in alcuni casi sia necessario seguirle e in altri trasgredirle e, lasciando vagare il mio sguardo per la stanza, mi sono soffermata su un attaccapanni di design appartenuto a mio nonno Landolfo Tomasi Maria, appassionato scalatore, che diceva sempre: «Non importa quanto sia difficile, abbassa il baricentro e aggrappati meglio che puoi». E in quel momento, l'illuminazione! Una nuova posizione dello* Schiaffasutra *stava prendendo forma nella mia mente e dovevo sperimentarla subito. Così ho detto a Perlo di liberarsi da sotto le mensole (ha bisogno che gli si dica di fare le cose, chissà come mai) e ci siamo spostati nella Palestra Schiaffazza, ovvero lo studio in cui provo tutte le tecniche prima di presentarle e divulgarle.*

NECESSAIRE: *spirito di organizzazione e tanto stretching prima di cominciare.*
ESECUZIONE: *un* dei due lancia la gamba in alto, l'altr* la afferra al volo.*

Capitolo 3

PERLE DI FAMIGLIA

Mio nonno Landolfo Tomasi Maria era un uomo con un senso dell'umorismo tutto suo. Un'altra particolarità che lo contraddistingueva era non avere la minima idea di come si facessero le pulizie di casa, avendo avuto domestici praticamente da sempre.

Un giorno, senza ragione alcuna, decise di imparare a passare l'aspirapolvere. Con somma sorpresa di tutta la famiglia, avrebbe continuato a farlo per alcuni mesi. Un giorno, però, in preda all'estasi dell'aspirazione, non si rese conto di aver urtato un portagioie che nonna Evelinda Gertrude Mignonette teneva sul comodino e da cui il nonno non vide cadere un paio di orecchini di perle giapponesi molto preziose. Landolfo Tomasi Maria aspirò tutto e, solerte come solo chi non ha mai fatto le pulizie per i primi sessant'anni della propria vita può essere, tolse il sacchetto ormai pieno dell'elettrodomestico e lo buttò nella spazzatura.

Mia nonna si accorse della mancanza delle perle solo una settimana più tardi. Mio nonno, allora, decise di rimediare a modo suo: recuperò un paio di pallini da una delle sue cartucce da caccia, precisamente i pallini numero quattordici, perfetti per i tordi, diceva (tordi che, però, non aveva mai preso). In verità, come tutti sapevamo in famiglia, Landolfo Tomasi Maria amava andare a caccia perché sparare era il suo modo per sfogarsi dalla noia della vita, anche se il coraggio di colpire qualcosa che avesse un cuore non l'aveva mai trovato, a parte quando aveva tentato di impallinare Mister David; più che lui, la sua Zona VIP. «Ma solo una volta e per sbaglio» ci disse mia madre, aggiungendo: «Probabilmente perché aveva il dubbio che il fedele maggiordomo avesse una tresca con nonna Evelinda» (impossibile, dato che Mister David era un grande amante del Bon Bon e non della Sciu Sciu).

Quindi il nonno per rimediare all'aspirazione delle perle cosa fa? Presi i pallini del quattordici, facendosi aiutare dall'immancabile Mister David, li ricopre di spray dorato e con la fiamma ossidrica attacca due chiodini creando orecchini inguardabili che, più che un accessorio deluxe, sembrano uno strumento di tortura. Li consegna a mia nonna dicendole: «Amor mio, le perle sono andate, ma ho fatto una cosa solo per te. Con le mie mani!».

La leggenda vuole che nonna abbia risposto serafica: «Avrei preferito un Massaggio Ditalico».

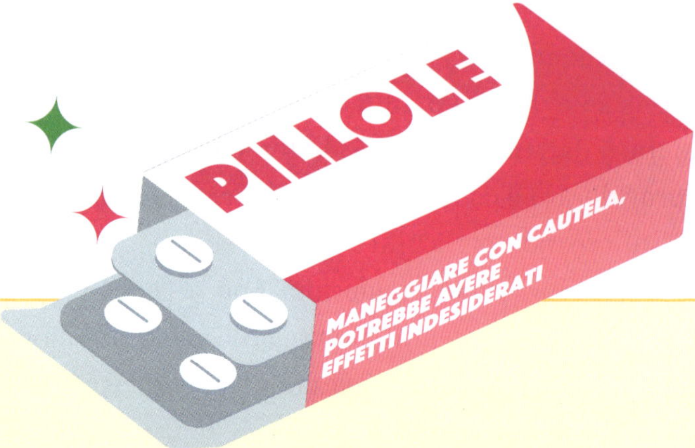

LA GUIDA SEGRETA PER IL PILL GILDING

Che cos'è il *pill gilding*?
Cercare di attenuare il dispiacere che stiamo dando a una persona comunicandole, insieme alla cattiva notizia, una piccola buona notizia. Un tentativo di migliorare una situazione che, però, talvolta ha risvolti inaspettati.

Per esempio:

- «Io non voglio più uscire con te, però vorrei continuare a venire a cena a casa tua perché sei veramente un ottimo cuoco!»

• «Sì, lo confesso: ti ho tradito. Ma lei ha avuto solo il mio Bon Bon, tu hai il mio cuore!»

• «È vero che mi sono dimenticato di pagare la bolletta del gas e ci hanno staccato il riscaldamento, però dopo due giorni al freddo mi sembri così ringiovanita!»

• «Il gatto ha distrutto il vaso che ti ha regalato tua madre. Ma guarda il lato positivo: non ha distrutto quello in cui *c'è* tua madre!»

• «Giorgio, sei pessimo nel Massaggio Boccalico ma non sei il peggiore della tua famiglia!»

Capitolo 4

IL MOSTRO VENUTO DAGLI ABISSI

Quand'ero bambina abbiamo passato un'estate in Svizzera, villeggiando in allegria a stretto contatto con la natura. Un giorno mio padre, nei pressi di Gstaad, decide di iniziarmi «all'immersiva e totalizzante esperienza della pesca d'altura» perché, a detta sua, mi avrebbe insegnato moltissimo. Ma Tata Rosana si mette in mezzo e riesce a ottenere un cambio di programma: mio padre mi avrebbe portata in una riserva di pesca per famiglie, in modo da introdurmi gradualmente alla grande arte del pescaggio.

Appena giunti a destinazione, mia madre, Tata Rosana e mio fratello Roderigo Maria, essendo stati esentati da mio padre (e nutrendo poco interesse per questo epico sport), si appostano al sole, sulle sdraio, come nelle pubblicità patinate delle bibite. Solerte e intraprendente, mi metto d'impegno per imparare il più possibile, speranzosa di prendere qualche pesce anche grazie all'esca straordinaria che mi viene consegnata dalle rugose mani dell'anziano signore che gestisce il luogo: dei cubetti di mortadella. «I pesci sono come gli uomini,» mi dice con un sorriso «se li prendi per la gola poi è più facile cucinarli per benino.» Io non capisco cosa voglia dire, inizio a pensare che gli svizzeri mangino le persone e mi allontano di gran fretta verso il piccolo molo che dà sul laghetto, munita di secchiello per i pesci e, ovviamente, della preziosa mortadella. Mio padre mi raggiunge per aiutarmi nel lancio, ma appena l'amo mortadellato atterra sull'acqua e con eleganza si immerge, se ne va perché «la pesca è un viaggio in solitaria».

Con questa perla di saggezza mi concentro nel reggere la canna e far muovere piano piano la lenza nell'acqua per invogliare le trote ad abboccare. E,

a un certo punto, succede: la lenza si tende, sento che qualcosa di pesante – forse attratto dal gustoso salume – si attacca all'estremità e, presa dal fervore, tiro con tutte le mie forze la canna verso l'alto, fino a portarla in posizione verticale, perpendicolare rispetto al terreno. Con il peso del pesce, la lenza fa da pendolo e la trota si avvicina sempre più velocemente fino a raggiungermi e colpirmi in piena faccia, dandomi un ceffone così forte da farmi volare all'indietro e cadere per terra. L'anziano signore dispensatore di consigli e affettati corre in mio aiuto, ma prima afferra il pesce, gli dà due colpi di bastone sulla testa e lo ripone nel mio secchio. Poi mi alza di peso e si china verso di me. Osserva per qualche secondo il grosso segno rosso che occupa metà del mio viso, mi guarda negli occhi e dice: «La vita è così: cerchi di prenderne uno all'amo, lui cercherà di sbattertelo in faccia e tu farai di tutto per prenderlo a martellate».
Mi ci sono voluti parecchi anni prima di capire quello che intendeva.

CACCIA, PESCA E CATFISHING

Anche con il *catfishing* si prendono delle batoste, ma non c'entrano i pesci o la mortadella. Cioè, il pesce c'entra ma la parola non significa – come qualcuno mi ha chiesto più volte – «andare a pescare con il proprio gatto nella speranza di non dover usare la canna». Viene data questa definizione alla pratica di fingersi una persona diversa, inventandosi un'identità fittizia per approcciare e instaurare un rapporto con qualcuno, principalmente online. È, a tutti gli effetti, una truffa. È molto raro che le persone che si creano una finta identità ti vogliano incontrare e, qualora decidessero di farlo, attenzione: di solito non hanno buone intenzioni.

Come riconoscere un *catfish*

SE trova sempre scuse per non incontrarti dal vivo ma vuole fare solo videochiamate...
SE si lancia in dichiarazioni d'amore dopo tre ore che ti conosce...
SE ha i tuoi stessi gusti, compreso il gelato al Puffo, che praticamente non piace a nessuno dal 1986...

... potresti essere di fronte a qualcuno che sta tentando di prenderti all'amo.

Perché lo fa?

Le cause possono essere diverse, tra cui:
1. Costruire un rapporto di fiducia nel tentativo di raggirarti (anche economicamente).
2. Insicurezza cronica.
3. Dimostrare di essere una stella della recitazione e prendersi una rivincita sulla maestra delle elementari che, negli spettacolini di fine anno, gli/le faceva fare sempre la parte dell'albero.

Se fai parte della categoria 1

No comment.

Se fai parte della categoria 2

È comprensibile avere timore di mostrarsi, di aprirsi

all'altra persona. Ma crearsi un'identità diversa dalla propria, per quanto stimolante e divertente possa essere, conduce a un vicolo cieco. Sii te stess*, Schiaffalover!

Se fai parte della categoria 3

Un bel corso di teatro può fare miracoli! E nel caso ti dicano che sei negat*... fattene una ragione e trovati un nuovo hobby!

Schiaffa SUTRA

POSIZIONE FLIPPER

Quando eravamo piccoli, io e mio fratello Roderigo Maria cercavamo sempre di creare nuovi giochi, nuovi scherzi (qualità ereditata da nonno Landolfo Tomasi Maria), o nuovi modi per tenerci impegnati. Come quella volta che Roderigo Maria ha deciso che il suo criceto Palmito, che si era nascosto sotto il letto, era da salvare con l'aspirapolvere.

Schiaffa SUTRA

Impegnatissimi nell'operazione di recupero, abbiamo sentito l'aspirapolvere fare vvvrrr *e poi a un certo punto* vrrr-pop!-vrrr *e abbiamo capito di essere riusciti nell'intento. Tata Rosana è arrivata subito, ha recuperato Palmito dal sacchetto – vivo! – e ci ha portati a fare merenda. O come quella volta in cui abbiamo convinto zio Unfrido Tancredi Maria, che era dedito alla meditazione e alle terapie olistiche, a infilarsi una pietra di ametista in Zona VIP dicendogli che avevamo letto un articolo in proposito e che questa pratica l'avrebbe portato a nuovi livelli di consapevolezza. Fortunatamente Tata Rosana ci ha fatto confessare prima che lo zio la mettesse in atto. Ed è stata proprio lei, per tenerci a distanza da altri giochi pericolosi, a regalarci quello che sarebbe diventato il compagno di tanti pomeriggi insieme: il nostro flipper. Ero impegnata nella ricerca di una nuova posizione dello* Schiaffasutra *quando è arrivata l'illuminazione: perché non rendere umano il flipper?*

NECESSAIRE: *equilibrio e forza nelle braccia.*
ESECUZIONE: *Un* dei due si mette sul pavimento a quattro zampe (le braccia piegate, appoggiandosi sugli avambracci), l'altr* gli/le afferra prima una gamba e poi l'altra. Chi è sul pavimento dovrà tenersi in equilibrio.*
LIVELLO SUCCESSIVO: *chi è sul pavimento può lanciare palline.*

Capitolo 5

SE TI FANNO GHOSTING, NON SERVE CHIAMARE GLI ACCHIAPPAFANTASMI

«Mille spunti divertenti per intrappolare il mistero» recitava il retro di copertina di uno dei miei libri preferiti quando ero bambina. Il volume in questione era il *Manuale del cacciatore di fantasmi*. Lo conservo ancora, compagno di tante avventure e foriero di informazioni importanti per chi, come me e la mia migliore amica Lavinia Costanza de Sevesi, si dilettava con questi argomenti. Ammetto che non siamo mai riuscite a catturarne uno, anche se c'era un capitolo dedicato alla costruzione del dispositivo perfetto per farlo. E devo confessare che, nonostante il mio entusiasmo e la mia fierezza,

dopo la visione di un film horror una volta a letto non riuscivo mai ad addormentarmi. Sarà per questo che adesso ho tutt'altri gusti in fatto di cinema?
Ma ricordo con piacere le pagine piene di fotografie e disegni, teorie e ricerche: era un libro bellissimo da sfogliare.

Lavinia e io cercavamo sempre qualche occasione per poter trovare conferma delle nostre teorie, finché una sera in cui la mia amica era nostra ospite, nonno Landolfo Tomasi Maria decise che voleva avere il suo ruolo da attore protagonista. Mentre noi due guardavamo *La bambola assassina* (di cui sconsiglio caldamente la visione agli animi più sensibili), abbracciate ai cuscini sul grande divano del salotto, con l'aiuto dell'immancabile Mister David il nonno corruppe il cane di famiglia, Pelé, un cocker color miele che avrebbe fatto qualsiasi cosa per due pezzetti di formaggio.
Il cane venne travestito da fantasma, con tanto di lenzuolo con i buchi per gli occhi e per il muso, lasciandolo libero di vagare per casa abbigliato in quel modo.

Nascosto dietro al divano, il nonno si mise ad aspettare il momento giusto per farci spaventare, non

calcolando che alle 22:00 in punto la nonna avrebbe attraversato il lungo corridoio per raggiungerci, dato che in salotto si trovava la credenza dei liquori e che lei per addormentarsi amava sorseggiare, spesso in compagnia di Mister David, un Privacy Tonic, cocktail di sua invenzione.
Poco prima di raggiungere la porta, la nonna vide passare la versione fantasma di Pelé. Intuendo ciò che stava succedendo, si precipitò di corsa in salotto spalancando la porta. Il divano dava le spalle all'entrata. Il nonno, già posizionato dietro di noi quando nonna Evelinda Gertrude Mignonette entrò, non si aspettava minimamente quel cambio di programma: trasalì, emettendo un urlo gutturale proprio nel momento in cui nel film compare la bambola assassina con un coltello in mano. Lavinia e io iniziammo a gridare; il nonno, spaventato di rimando, gridò di

nuovo anche lui. Forse per vendicarsi della storia degli orecchini, la nonna, afferrando uno dei suoi frustini d'epoca appesi in salotto, iniziò a inseguire il nonno per la stanza. Pelé, evidentemente ancora nella parte, prese a ululare con vigore.

Lo spettacolo di fronte ai nostri occhi, nel semibuio illuminato dalla luce della televisione, fu un girotondo familiare indimenticabile: nonno Landolfo Tomasi Maria che correva intorno al divano cercando di evitare i colpi; nonna Evelinda Gertrude Mignonette che lo tallonava menando fendenti; Pelé che li rincorreva scodinzolando e inciampando nel lenzuolo, senza smettere un attimo di latrare. Mister David, placido come un Buddha, era seduto sulla poltrona d'angolo, reggendo in mano il suo Privacy Tonic. Pareva sorridere. Senza il *Manuale del cacciatore di fantasmi*, questa scena memorabile non sarebbe mai accaduta. Vorrei dirvi che quei mille spunti divertenti per intrappolare il mistero potrebbero essere utili ora per capire qualcosa dei fantasmi del presente. Ma se c'è una cosa che non si lascia intrappolare da nulla – spunti divertenti compresi – sono le persone che fanno *ghosting*.

Il *ghosting* avviene quando la persona con cui hai una relazione sparisce nel nulla. Cerchiamo di essere più precisi: una persona che invece di chiudere la relazione parlando e spiegando cosa c'è che non va e quali sono le motivazioni della rottura, decide di troncare i rapporti, non risponde ai messaggi o alle telefonate, non si fa più trovare.
Chiariamo ulteriormente: se scambi qualche messaggio con qualcuno e lei/lui smette di risponderti, non è così preoccupante, è solo un po' cafone. Ma se passate settimane a scambiarvi messaggi o se uscite insieme per un po' di tempo e poi a un tratto PUF! svanisce nel nulla... allora sei a tutti gli effetti vittima del *ghosting*.

SCHIAFFA-THERAPY

Cara Doc,

io e lei siamo uscite insieme per un po' e una sera, dopo un'ottima cena, mi accompagna a casa. Atmosfera rilassata, luci soffuse, sottofondo jazz (a lei piace), un drink per concludere in bellezza e rilassarsi... e poi mi dice: «Beata te che domattina puoi dormire, io ho la donna delle pulizie che arriva alle sette». Io rispondo: «Be', ma puoi dormire qui!». E lei mi fa: «Ottima idea! Allora facciamo così: scendo un secondo a spostare la macchina perché c'è il lavaggio strade e non vorrei prendere la multa». Io sorrido, lei si alza ed esce. E non torna. Le mando un messaggio e non risponde. Aspetto qualche minuto, scendo e la macchina non c'è più. È sparita nel nulla. L'ho rivista dopo sei mesi in un locale, ero talmente sconvolta che non sono riuscita nemmeno ad avvicinarmi per chiederle spiegazioni. Ma poteva almeno dirmi qualcosa, no? Poteva trovare una scusa tipo: «Mi fermerei

volentieri ma ho una terribile emicrania».
Con questo stratagemma noi donne ci abbiamo campato per duemila anni e ci campiamo ancora dato che funziona alla grande.
Poteva usare questo, no?
Oppure: «Non posso, tesoro, non ho avvertito il mio gatto, a quest'ora non risponde al telefono e attacca la segreteria, se non dormo a casa si spaventa, mi somatizza, capisci?
È un casino, mi spiace».
Perché mi ha mollata in modo così traumatico?
Non riesco a farmene una ragione.

Scoiattolina91

PERCHÉ SUCCEDE?

Perché manca il coraggio di dire la verità, si teme il giudizio, non si vuole creare conflitto; dopotutto sentirsi il carnefice della situazione non è piacevole per nessuno. Ma ricorda: se hai passato anche solo qualche bel momento con quella persona, quella persona ha il diritto di avere un confronto con te. E non serve a nulla chiamare gli Acchiappafantasmi o fare una seduta spiritica: basta solo sapere cosa dire.

Non riesci a mollarlo e ti stuzzica l'idea di sparire? Vorresti lasciarla senza dover dare spiegazioni? Sei pront* per il *ghosting*! Ma perché finirla in modo tanto cafone? Concludiamola in modo elegante, con una frase che possa chiudere in bellezza.

Non te ne viene in mente nemmeno una?
Ti aiuta la Doc!

ECCO CINQUE FRASI PER CHIUDERE UNA RELAZIONE IN MODO VELOCE E INDOLORE

1

HO TROVATO LAVORO IN INDIA COME PESCATORE A MANI NUDE NEL GANGE. VUOI VENIRE CON ME?

2

PRENDIAMOCI UN PO' DI TEMPO PER RIFLETTERE SU DI NOI E NE PARLIAMO IL 30 FEBBRAIO.

3

PENSAVO FOSSI QUELLO GIUSTO/ QUELLA GIUSTA MA NON POSSO STARE CON QUALCUNO CHE METTE IL PARMIGIANO SULLA PASTA COL TONNO, LA MIA RELIGIONE ME LO VIETA.

4 **CREDEVO FOSSI TUA SORELLA.**

ANDARE A VIVERE INSIEME? SPLENDIDA IDEA, MA MIA MOGLIE È TALMENTE PIGRA... NON CREDO CHE ABBIA VOGLIA DI TRASFERIRSI QUI. **5**

Ci hai creduto?

Ma è possibile chiudere una relazione con queste frasi?

No, non ti darò il copione, devi farcela da sol*!

«Tira fuori gli antenati!» come direbbe mio padre.

«Gli attributi, volevi dire!» come direbbe mio fratello Roderigo Maria.

«Intendevo proprio gli antenati, perché sai, gli antenati avevano i ...»

«Che due Colleoni papà!»

«Ecco, appunto.»

QUANDO IL GHOSTING È GIUSTIFICATO

Quella sensazione di profondo disagio quando ricevi un suo messaggio.
L'ansia che ti coglie quando vedi che ha visualizzato le tue storie. Il malessere che arriva quando leggi i commenti che scrive.

Una Schiaffalover una volta mi ha detto di aver bloccato su tutti i social una persona tossica e questo le ha dato grande sollievo. È giusto o è sbagliato? È una decisione forte ma se c'è bisogno di staccare, se quel rapporto è impossibile da gestire, se al momento non si hanno le energie per sostenere il confronto, è una soluzione da prendere in considerazione.

Puoi essere una persona gentile e di buon cuore e allo stesso tempo, quando è necessario, **mandare chi se lo merita affancactus.**

Capitolo 6

LA NONNA È MOBILE

Mia nonna Evelinda Gertrude Mignonette aveva una passione per l'opera lirica e quand'ero bambina mi obbligava ad ascoltare i suoi dischi. Io sognavo di cantare insieme a lei *Rock the Night* degli Europe, ma lei era una vera melomane ed era irremovibile. Questa usanza veniva messa in atto rigorosamente il mercoledì, a casa sua, e io accettavo di buon grado dato che era accompagnata da un *afternoon tea* in pieno stile britannico. La nonna faceva preparare da Mister David il servizio di porcellana con le farfalle dipinte e una serie di prelibatezze dolci e salate. Non riuscivo a contenere la gioia nel vederlo arrivare in salotto reggendo tra le mani l'alzata a tre piani: sul piano superiore sapevo che avrei trovato le fragole e cucchiaiate di panna fatta in casa, nel piano centrale c'erano gli immancabili *scones* con la marmellata d'arancia amara e le *madeleines* ai lamponi, mentre nel piano inferiore avrei trovato quella che tutt'ora considero una delle merende più prelibate in assoluto: i tramezzini imbottiti con burro e cetriolo. Anni dopo avrei ritrovato il cetriolo per merenda in Giappone, seppur accompagnato in altro modo, ma chi l'avrebbe mai immaginato in quel momento?

Il tè era solo per me, nonna Evelinda beveva Champagne. Diceva che «a metà settimana bisogna trovare la forza di finirla, la settimana, e niente ti dà la forza di arrivare in fondo quanto lo Champagne. È per questo che il matrimonio con tuo nonno va a gonfie vele». E poi iniziava a gorgheggiare imitando le cantanti d'opera e scambiandosi sguardi d'intesa con Mister David che, in piedi all'angolo della stanza, sembrava osservare la scena con approvazione. Vederla volteggiare per la sala mi trasmetteva una tale gioia e leggerezza di spirito da invogliarmi ad accompagnare la sua performance creando un tappeto sonoro di tintinnii a colpi di posate sul servizio da tè.

Questa faccenda della lirica, con il passare del tempo, da imposizione divenne una piccola tradizione e, come da tradizione, avrei continuato anche negli anni a venire a fingere di sbuffare mentre nonna Evelinda metteva il disco di turno sul piatto del suo giradischi, dicendomi che tutte quelle ore di ascolto sarebbero state utilissime.

Nell'estate di qualche anno fa ero allo Sferisterio di Macerata ad assistere al *Flauto magico* di Mozart, una delle opere preferite di nonna Evelinda Gertrude Mignonette assieme alla *Vedova allegra* (che citava aggiungendo sempre «... perché smettere di sperare?»). Guardando cantare Astrifiammante, osservando i movimenti della sua bocca e ascoltando le altissime note che la cantante che la interpretava riusciva a raggiungere, i ricordi hanno iniziato a illuminarsi: la nonna che gorgheggia in salotto, i movimenti delle labbra, i

muscoli facciali che assumono posizioni distanti dal quotidiano. Da mesi stavo cercando una tecnica per rendere l'allenamento per il *Massaggio Boccalico* accessibile a tutt*, ma le mie ricerche non avevano portato alcun risultato. E invece era molto più facile del previsto, era sempre stato lì, mi accompagnava da moltissimo tempo e nonna Evelinda Gertrude Mignonette aveva ragione: tutte quelle ore di ascolto erano state utilissime.

MASSAGGIO BOCCALICO PIÙ FACILE A CANTARSI CHE A DIRSI

Tutto quello di cui hai bisogno è una canzone tratta da un'opera lirica e, ovviamente, motivazione e voglia di migliorare. Fai partire la canzone e muovi la bocca come se stessi cantando la canzone, ma senza emettere alcun suono (in pratica, facendo il cosiddetto *lip-sync*). Non importa se non conosci le parole, non è un problema lanciarsi in questi esercizi senza la necessaria competenza, l'aspetto fondamentale è divertirsi nel mentre. Le labbra attiveranno dei muscoli che non siamo abituat* a usare quando parliamo, e nemmeno quando ridiamo. Questi esercizi sono in grado di renderci molto più apert* alla cultura. E, come se non bastasse, valgono anche come ginnastica facciale *anti-aging*. Non è stupendo?

Schiaffa
SUTRA

LA CAVALCATA DELLE VALCHIRIE

La prima volta che ho sentito il termine Walkürenritt *pensavo fosse una parolaccia. L'aveva citata Mister David, ma ero stata poco attenta al contesto. Mi sembrava stranissimo che il nostro maggiordomo inglese, sempre distinto e forbito, si lasciasse andare a commenti così triviali, ma tant'è. Io e mio fratello Roderigo Maria l'abbiamo utilizzata per settimane*

come fosse un'imprecazione finché nonna Evelinda Gertrude Mignonette non ci ha domandato cosa volesse dire, secondo noi, quel termine. Io ho prontamente risposto: «È chiaramente una manifestazione di contrarietà e dispetto, rivolta a chi sta dando fastidio. Un'esortazione a raggiungere un posto». E mio fratello Roderigo Maria ha aggiunto indicando dietro di sé il «kürenritt»*. Mister David, che era presente, scuoteva la testa sorridendo. Poi il nostro amabile domestico ci ha spiegato che non esisteva nessun* kürenritt, *e che* Walkürenritt *era un celebre brano del compositore tedesco Richard Wagner: la* Cavalcata delle Valchirie. *Questo episodio mi è tornato alla mente quando, mentre attendevo l'inizio delle* Nozze di Figaro *al Wiener Staatsoper, il mio sguardo è caduto sul golfo mistico del teatro. E in quel momento, l'illuminazione: bisogna lasciar cavalcare la fantasia insieme alle Valchirie. E allora che si galoppi anche nello* Schiaffasutra*!*

NECESSAIRE: *buona volontà e molto allentamento.*
ESECUZIONE: *un* dei due si mette nella cosiddetta posizione del ponte, ma io la chiamerei «cavallo rovesciato», e l'altra persona cavalca, ovviamente verso il piacere!*

Capitolo 7

NON TUTTE LE CIAMBELLE ESCONO COL BRUCO

Ogni famiglia ha le proprie abitudini, soprattutto di domenica. Noi non eravamo da meno. Avevamo un appuntamento fisso intorno alle 11:00 da nonna Evelinda Gertrude Mignonette e nonno Landolfo Tomasi Maria. Era richiesta la presenza di tutti i membri, domestici compresi. Ognuno di noi procedeva con la propria vestizione (Mister David si occupava di farci trovare il necessario non appena varcata la soglia di casa), e a ognuno di noi era assegnato un colore diverso.

Nel momento in cui le melodiose note dell'organo si propagavano nell'aere, sapevamo che dovevamo correre nel salone grande perché di lì a poco George avrebbe iniziato a cantare. E quando George iniziava a cantare dovevamo essere tutte e tutti pronti. Tassativamente. Il riscaldamento sul ritmo di *Faith* era libero ma importantissimo, più volte abbiamo assistito a contratture dei grandi nel bel mezzo dell'allenamento. Lo stereo era gestito da Tata Rosana, che religiosamente custodiva la musicassetta nella sua stanza e la riponeva non appena avevamo finito. Era l'unico momento in cui a noi bambini era consentito saltare sul divano, perché il riscaldamento non aveva regole. Se qualcuno fosse entrato a casa dei nonni in quel momento avrebbe visto zompettare felicemente per la stanza dieci persone abbigliate con attillatissime tutine di spandex dai colori sgargianti. Dopo quattro canzoni, arrivava la parte più importante. Arrivava lei: Jane Fonda, con i capelli vaporosi, il body aderente, le gambe lunghissime. La accoglievamo con tutti i sacri crismi e rapiti da una raggiante estasi. Raggiungeva il nostro salotto sotto forma di videocassetta, che Mister David collezionava. Ne inseriva una con metodo e delicatezza nel videoregistratore e, prima di schiacciare play, controllava che ognuno di noi fosse al proprio posto: in prima fila Roderigo Maria, io, Mister David e la nonna; dietro di noi mamma Natalia, Tata Rosana e il nonno Landolfo Tomasi Maria; in terza fila zio Unfrido Tancredi Maria e mio padre Giangusto Ranieri Maria. Nelle retrovie il cocker Pelé, che monitorava la situazione e abbaiava quando qualcuno smetteva di fare esercizio o – nel caso di mio padre – fingeva sistematicamente un malore. Al termine del *workout* con la divina Jane eravamo liberi di andare a fare la doccia e prepararci per il pranzo.

Un giorno, mentre Tata Rosana stava tagliando un tacchino ripieno che emanava il profumo più buono del mondo, mio fratello Roderigo Maria disse che avrebbe sposato Jane Fonda, ma che non era sicuro che gli piacessero le donne. «E se voglio dare i bacini ai maschi?» chiese. Ci fu un attimo di silenzio a tavola, poi mia madre disse: «Potrai baciare chi vorrai, Roderigo Ma-

ria» e mio padre aggiunse, con orgoglio: «Ci vuole coraggio per sperimentare, visto? Ha preso tutto dagli antenati!».
«Fortunatamente non tutto» ribatté nonna Evelinda Gertrude Mignonette. E io, che volevo dimostrare il mio sostegno, ho chiosato: «Del resto, non tutte le ciambelle escono col bruco!».
Zio Unfrido Tancredi Maria mi guardò sorridendo e domandò: «Cosa?». Improvvisamente tutti mi stavano osservando, divertiti.
«Non tutte le ciambelle escono col bruco» ho ribadito.
E nonno Landolfo Tomasi Maria: «Volevi dire con il buco?».
E io: «No no, volevo dire proprio col bruco. Perché magari a una ciambella non va di uscire con un bruco, no?».
«Be', non fa una piega» commentò lui.
Tutti attorno al tavolo annuivano soddisfatti.

TEORIA DELLA CIAMBELLA

È comprensibile che alcune ciambelle non ne vogliano sapere di uscire con i bruchi, e viceversa, benché l'incastro possa sembrare perfetto. Alcune ciambelle potrebbero voler uscire con altre ciambelle. E se un bruco volesse uscire con un bruco? E se una ciambella volesse provare altri incastri possibili? E se un bruco non si sentisse attratto da nessun bruco e da nessuna ciambella?

Abbiamo il dovere di rispettare le scelte delle altre persone, i loro gusti e i loro bisogni. A volte è difficile comprendere che un bruco, per esempio, voglia accoppiarsi con un altro bruco, ma non per questo abbiamo il diritto di giudicare. Accettiamo i desideri delle altre persone con serenità, anche se sono diversi dai nostri.

La cosa che vi auguro, Schiaffalovers, è di trovare nel mondo un punto di riferimento e di felicità, che renda le vostre giornate migliori, che vi faccia urlare di piacere durante l'Accoppiamento Presto, che vi aiuti a illuminare la strada che avete davanti. Fosse anche per una notte. Che sia un bruco, una ciambella o qualsiasi altra forma vi aggradi.

BIGOTTOMETRO

Per riuscire a comprendere o anche solo avvicinarsi alle tecniche di Accoppiamento Presto bisogna essere dotat* di ironia e apertura mentale. Queste qualità sono necessarie almeno in minima parte e la buona notizia è che si possono sviluppare nel tempo! Ma, come in tutte le cose, bisogna conoscere il proprio livello di partenza per poter migliorare. È per questo che ho inventato il Bigottometro: l'unico strumento scientificamente creato per testare il grado di *bigottità* e agire di conseguenza.

Si tratta di un test molto semplice, il cui risultato potrebbe sorprenderti. Cosa aspetti? Sotto a chi tocca. E chi si tocca, solitamente, gode.

DOMANDA NUMERO 1

Vedi due uomini baciarsi. Cosa pensi?

a) Bruceranno all'inferno! – 6 punti

b) Almeno non davanti ai bambini, per favore! – 4 punti

c) Quello di destra non mi piace, ma quello di sinistra mi fa venire un certo languorino! – 2 punti

d) Eccitante, devo immediatamente trovare qualcun* da baciare anche io! – 0 punti

DOMANDA NUMERO 2

Scopri una relazione a tre all'interno di un gruppo di amici. Cosa pensi?

a) Bruceranno all'inferno! – 6 punti

b) Pervertit*! Dove andremo a finire? – 4 punti

c) Ognuno è liber* di fare quello che vuole. – 2 punti

d) Chissà se posso aggiungermi... Anche solo ogni tanto! – 0 punti

DOMANDA NUMERO 3

Sei a cena da una coppia di amiche che non vedevi da tempo. All'improvviso ti accorgi che stanno mettendo il formaggio sulla pasta col tonno. Cosa pensi?

a) Bruceranno all'inferno! – 6 punti

b) Sempre meglio della carbonara con la panna. – 4 punti

c) Dov'è il vino che ho portato così lo stappiamo? – 2 punti
d) Gli abbinamenti gastronomici sono un costrutto sociale! – 0 punti

DOMANDA NUMERO 4

Incroci casualmente la parata del Pride e vedi sfilare tantissime persone allegre, dai vestiti sgargianti e accompagnate da una musica festosa. Cosa pensi?

a) Bruceranno all'inferno! – 6 punti
b) Disapprovo questa scelta musicale. – 4 punti
c) Le persone devono essere libere di amare chi vogliono. – 2 punti
d) L'anno prossimo partecipo vestit* da unicorno! – 0 punti

DOMANDA NUMERO 5

I tuoi vicini di casa ti dicono che si guadagnano da vivere vendendo su Internet i loro video porno amatoriali. Cosa pensi?

a) Bruceranno all'inferno! – 6 punti
b) Piuttosto che guardarli, mi mangio la pasta al tonno con sopra il formaggio! – 4 punti
c) Finalmente un'ottima idea regalo di Natale per i parenti! Accetteranno bonifico? – 2 punti

d) Tesoro, prendi il tuo costume da Cappuccetto Rosso che io arrivo con la telecamera e la tutona da Lupo e facciamo la storia del cinema! – 0 punti

RISULTATI

DA 0 A 4 PUNTI *110 e lode, bacio accademico e applauso della commissione! Hai un Master in Apertura mentale e ironia. Meglio di così non poteva andare. Se ci fosse una medaglia al valore, sarebbe tua!*

DA 6 A 10 PUNTI *Hai il super potere dell'ironia e della leggerezza, fanne buon uso! Il mondo ha bisogno di te!*

DA 12 A 20 PUNTI *Houston, abbiamo un problema! Hai bisogno di aprire la tua mente... e non solo. Ma non preoccuparti: c'è speranza! Soprattutto se continui a seguire gli insegnamenti della Dottoressa Schiaffazzi.*

DA 22 IN POI *Caso disperato: contatta immediatamente la Dottoressa Schiaffazzi per un consulto. Non è ancora detta l'ultima parola. Sappi che i miracoli accadono!*

Capitolo 8

CORRERE DIETRO A QUALCUNO NON È UNA RELAZIONE: È UNO SPORT

Il mio rapporto con lo sport è un po' particolare. Ne ho provati molti, producendo scarsi risultati in quasi tutti.

Da bambina mi hanno costretta a frequentare un corso di pallavolo. Mio padre Giangusto Ranieri Maria asseriva che pur non avendo gli attributi degli antenati, avrei potuto avere i muscoli. Ma avendo braccia molto esili, polsi sottilissimi e spalle ossute, il mio fisico non si sposava bene con le pallonate. O molto più probabilmente ero priva di talento in questo sport. Ci ho provato e, al contrario di Lavinia Costanza che mitragliava il campo di schiacciate, io tornavo a casa con i lividi e la frustrazione. «Puoi

guardare tutte le puntate di *Mila e Shiro* che vuoi, ma non per questo riuscirai a emulare la battuta a volo di rondine di Nami Hayase» ha detto mio fratello Roderigo Maria.
Provai anche il calcio. Di cui ho sempre apprezzato il sudore e la corsa. Sarà che era difficilissimo vedermi sudata e facilissimo vedermi senza fiato dato che soffrivo d'asma. A quei tempi qualcuno asserì che osservarmi tirare calci al pallone era come guardare Bambi che cercava di mettersi in piedi. Lo disse con tenerezza mio zio Unfrido Tancredi Maria, mentre tutta la famiglia era intenta a osservarmi soccombere sotto un metro di terra bagnata.
Avrei dovuto capire in quel momento che gli unici fanghi che mi avrebbero dato soddisfazione nella vita sarebbero stati quelli delle spa. Quando mi spiegarono – e contro ogni previsione capii – il fuorigioco, mi sentii pronta per affiancare Bruno Pizzul nel commentare le partite di Serie A. Aspetto ancora una sua chiamata. Non so se arriverà, però so che sarei felice di poter utilizzare un verbo che mi piace tantissimo e che ho sentito solo nelle telecronache: *verticalizzare*. Come potrebbe non piacermi? È un verbo adattissimo anche al Bon Bon!

In quegli anni di ardui tentativi agonistici, mio padre Giangusto Ranieri Maria, abilissimo sciatore, volle che tutta la famiglia mettesse gli sci ai piedi. Sebbene io preferissi di gran lunga lo slittino, ero troppo piccola per oppormi. Mio fratello Roderigo Maria amava gareggiare, guadagnando premi e fama, io invece ho sempre disdegnato la competizione sportiva e ho sempre preferito i fuori pista. Mia madre Natalia mi chiamava «il piccolo ovetto delle Trois Vallées», perché non c'era nulla che mi fermasse quando mi mettevo rannicchiata a uovo e creavo sentieri tra gli alberi, percorrendo cunette e canaloni il più velocemente possibile. Ero davvero scatenata. Forse già a quei tempi era chiaro che il futuro mi avrebbe portata ad aprire nuove strade. E talvolta a cadere di testa (in quel caso diventando il piccolo ovetto *strapazzato* delle Trois Vallées). E proprio le piste da sci di Méribel sono state il teatro della mia prima cotta.

Era un ragazzino francese di nome Jules e ci siamo incrociati più volte in pista, finché mio fratello

Roderigo Maria (per dovere di cronaca, è bene dire che me l'aveva fatto notare lui per primo), stufo del mio continuo borbottio su quanto fosse carino Jules come sciava bene Jules che grandi occhi aveva Jules, non andò da lui e gli chiese se aveva la fidanzata aggiungendo: «Perché, nel caso tu fossi libero, mia sorella non disdegnerebbe». Io ero paonazza, ma Jules si diresse verso di me e mi domandò se volevo prendere un tè con lui alle cinque. Io dissi: «Ok». Lui si rimise gli sci e volò in pista saettando in un fantastico slalom. Non vedevo l'ora di prendere il tè con lui. Ma dove? Non me l'aveva detto! Spaesata, guardai mio fratello Roderigo Maria che di rimando mi lanciò uno sguardo che significava chiaramente: "Non posso fare tutto io".

Il giorno dopo incrocio casualmente Jules al rifugio e mi avvicino. Lui molto cordiale mi ribadisce che ci saremmo potuti vedere l'indomani, proprio lì al rifugio. Io rispondo subito di sì e, prima che potessi chiedergli altro, lo vedo filare via sinuoso come un gatto coi Rossignol ai piedi. Tornando a casa, racconto tutto a mio fratello Roderigo Maria che mi chiede subito: «Ok. Vi vedete domani. Molto bene. Ma a che ora?». Io ammutolisco. La mattina successiva mi affretto sulle piste. Mio padre Giangusto Ranieri Maria era felicissimo perché pensava che amassi così tanto lo sci da voler essere la prima a scendere sulla neve intonsa, ma io cercavo Jules. Poi, all'improvviso, vedo i suoi Rossignol dondolare dalla seggiovia. Lo saluto con la mano. Roderigo Maria, che era vicino a me, distoglie lo sguardo, imbarazzatissimo. Nel frattempo Jules, ormai arrivato a destinazione, mi grida: «Ci vediamo dopo?» senza aggiungere altro. Come le volte precedenti, in un attimo scompare alla mia vista.

«C'è un unico modo per commentare tutto questo» dice mio fratello.

«Che due Colleoni» concludo io.

(Mi sembra superfluo parlare dei miei successivi fallimentari tentativi nella ginnastica artistica, nel nuoto e nel kung fu. Semmai, potrei aggiungere qualche parola sull'innegabile talento di saper stare su un cavallo, senza il quale non credo sarei mai stata in grado di praticare le più ambiziose posizioni dello *Schiaffasutra*.)

ACCOPPIAMENTO NEL PALLONE

È praticamente impossibile fare programmi con la persona che stai frequentando?
Ti chiama sempre all'ultimo momento per uscire?
Quando chiedi un appuntamento ti dice che non ce la fa, ha troppi impegni, ha una vita frenetica?
Questa relazione ti fa sentire un po' in panchina?
Allora non c'è dubbio: è *benching*!
Il *bencher*, ovvero chi pratica il *benching*, è una persona che, poco convinta della relazione che ha con te, invece di schierarti in campo come meriti, ti tiene come riserva. Non sei l'atleta preferit* della sua squadra, ma non vuole privarsi della possibilità di un

Accoppiamento Presto o di scambiare qualche messaggio per tamponare la solitudine.

Perché decide all'ultimo momento se vederti o no?
Molto probabilmente perché prima sonda il terreno con altre persone e, se nessun* di loro è disponibile, cerca te. Sì, ti vuole riscaldat* ma non ti farà mai giocare come titolare.

Non c'è storia: c'è solo allenamento!

Ma cosa succede a chi subisce il *benching*?
Insicurezza, confusione e soprattutto competizione: il comportamento del/della *bencher* fa scattare in noi il confronto con le altre persone, il bisogno di dimostrargli/le che siamo migliori di quanto creda, che siamo materiale fidanzabile, che abbiamo il diritto di essere primatist*, in questa relazione.

Ha senso fare un triplo salto carpiato con avvitamento laterale per qualcuno che non ci vuole?
No. Gli sforzi di questo tipo si fanno solo quando la persona se li merita. O al massimo nella posizione dello *Schiaffasutra* del Circo Togni.

SCHIAFFA-THERAPY

Cara Doc,

non so bene come dirlo senza risultare offensiva nei suoi confronti, ma tant'è: Scoiattolino mi piace un sacco ma puzza. Tipo tantissimo.

Usciamo da poco e non so dire se sia un problema di lavaggio, di sudore, o di sfortuna. Voglio accoppiarmi con lui ma temo di perdere i sensi a causa del suo tanfo. Lo sento sempre, praticamente anche quando non è con me.

Cosa posso fare?

Scoiattolina91

Cara Scoiattolina91,
visto che è un po' presto per avere
una risposta sulle secrezioni di Scoiattolino,
ti consiglierei, per ora, di attuare questo piano
per contrastare l'afrore: Accoppiatevi Presto
sotto la doccia, cosicché grazie al sapone
(sceglilo con una profumazione penetrante)
potrai soddisfare due esigenze in un colpo solo.
Anzi tre: sopperire alla puzza,
tenere pulito Scoiattolino per qualche giorno,
e lavarti anche tu. Perché se senti il lezzo
di Scoiattolino anche quando non c'è,
il problema potrebbe non essere lui.

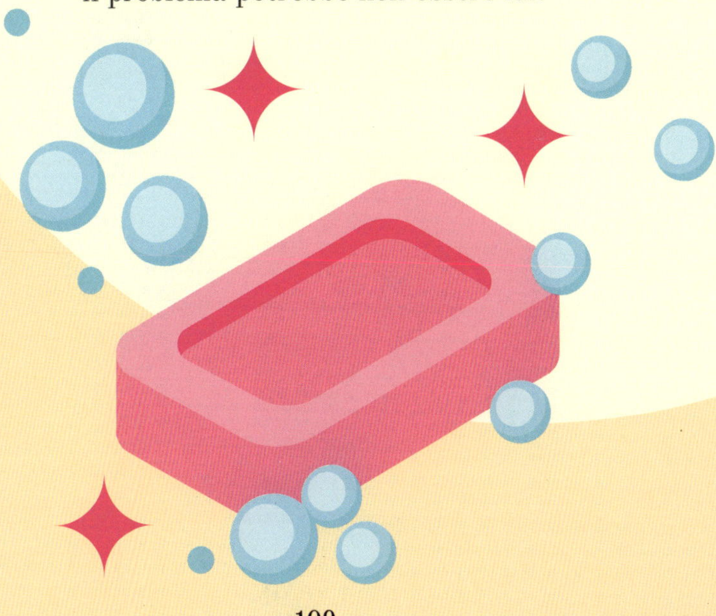

Schiaffa SUTRA

«La vita è come un puzzle: se incastri bene tutti i pezzi potrebbe uscirne un capolavoro» ha detto un giorno Mister David, mentre preparava un Privacy Tonic particolarmente carico per nonna Evelinda Gertrude Mignonette.
«O una roba molto brutta che conviene nascondere in cantina» ha aggiunto mio fratello Roderigo Maria.
«L'incastro è un'arte» ha commentato mio padre Giangusto Ranieri Maria, che leggeva il giornale se-

Schiaffa **SUTRA**

duto su una poltrona con le estremità posate sul suo poggiapiedi kirghiso da cui non si separava mai. Poi ha abbassato il quotidiano e ci ha guardati: «Vi ho mai raccontato del nostro antenato che faceva parte del Circo Togni?». L'avventurosa vita del trisnonno Eberardo Adelmo Maria ci è stata svelata quel pomeriggio, e grazie a essa abbiamo appreso che il nostro antenato era amico di Aristide Togni, il fondatore del famoso circo. Essendo un noto cavaliere, aveva trovato lavoro come addestratore di cavalli, anche se il suo sogno nel cassetto era fare l'acrobata. Ci aveva provato, ma il risultato era stato deludente. Questo però gli aveva permesso di conoscere la sua futura moglie, la trisnonna Guendalina Rubinia Amaryllis che l'avrebbe successivamente condotto verso nuove pratiche acrobatiche, da svolgersi non più sotto il tendone ma in camera da letto. Qui il racconto subì una notevole censura, dato il sopraggiungere imprevisto di mia madre Natalia che impedì a mio padre Giangusto Ranieri Maria di fornirci i dettagli piccanti. Ma questo non ha impedito a me, mentre stavo preparando una nuova posizione, di avere una fondamentale illuminazione per lo Schiaffasutra*!*

NECESSAIRE: *alta preparazione atletica.*
ESECUZIONE: *quasi impossibile da spiegare. Guarda l'immagine.*
ALTERNATIVA: *la Circo Togni si può utilizzare anche per un Accoppiamento Presto in Zona VIP ma ci vuole ancora più equilibrio. E una grande dose di fortuna.*

Capitolo 9

FRANCAMENTE, TE NE INFISCHI?

Ero ancora una bambina la prima volta che ho visto *Via col vento* insieme a nonna Evelinda Gertrude Mignonette. Me lo ricordo come se fosse ieri. Amava la vecchia Hollywood e sono stati tantissimi i film che abbiamo guardato insieme, sul grande divano del suo appartamento, spesso in compagnia di zio Unfrido Tancredi Maria, con il nonno che sfogliava il giornale fingendo disinteresse, per poi iniziare a farci domande sull'andamento della vicenda. Ho ancora il dubbio che facesse così tante domande solo per disturbare la nostra visione.

I gusti della nonna sono stati di grande importanza per la mia formazione, dalla musica al cinema, fino al suo Privacy Tonic, di cui custodisco gelosamente la ricetta.

La storia di Rossella O'Hara l'abbiamo vista molte volte, tant'è che quando ascolto il tema del film si crea dentro di me un misto di nostalgia e serenità. Con lo sguardo del presente, *Via col vento* è un film inattuale e criticabile per via dei dialoghi artificiosi, del romanticismo esasperato e soprattutto degli stereotipi razzisti. Ma di tutto questo, quando ero piccola, non potevo ancora essere consapevole.
Per chi non fosse a conoscenza della vicenda narrata dal film, riporto qui parte della ricerca che ho svolto alle medie sulla rappresentazione dell'amicizia e della riproduzione nell'arte cinematografica.

Rossella è giovane, bella, ricca, viziata e corteggiata; è innamorata di Ashley, suo vicino di casa (se vogliamo essere precisi «vicino di tenuta», che lì avevano le tenute, neanche le ville) e non ci è dato capire se anche lui sia interessato a lei, sappiamo solo che lei s'è impuntata, lo vuole e farà di tutto per averlo. Ma lui a una festa annuncia il fidanzamento con una sua cugina, Melania (sì, ai tempi non era un problema sposarsi tra cugini) e proprio durante la festa viene annunciato anche l'inizio della guerra. Una festa piena di annunci. E visto che non c'è due senza tre, alla festa Rossella – dopo averci provato con Ashley, aver ricevuto un due di picche clamoroso e fatto la conoscenza di Rhett Butler – annuncia di aver accettato la proposta di matrimonio di Carlo, fratello di Melania e promesso alla sorella di Ashley. Prima che gli uomini partano (sempre a quei tempi, era normale che le donne stessero in casa a guardare gli uomini andarsene), si sposano tutti, tanto Melania e Ashley quanto Rossella e Carlo. Carlo muore (di malattia, manco l'onore di perire sotto le armi), Rossella è devastata dal dolore, più che per la dipartita del marito perché Ashley ancora non la vuole. Allora va ad Atlanta con Melania, che la difende sempre anche se Rossella inizia a stare antipatica a chiunque. Vestita a lutto, a una festa (ma è pieno di feste questo film!) arriva Rhett e la invita a ballare, lei accetta e dà scandalo (sei vedova, devi solo piangere, avere lo sguardo basso e guai a ballare con un uomo). Ad Atlanta arriva la guerra, Melania (che nei mesi prima, durante due giorni di tregua, ha potuto rivedere Ashley e accoppiarsi con lui) partorisce. Rossella l'aiuta. Rhett Butler le soccorre facendole scappare dalla città in fiamme. Rossella torna a Tara, la sua terra d'origine, ma la madre è morta, il padre è impazzito e la ricchezza si è trasformata in povertà. Quando la guerra finisce arriva anche Ashley. Rossella si dichiara ad Ashley per la seconda volta e lui le schiaccia l'ennesimo due di picche ma prima la bacia. Ci sto, non ci sto, scappiamo insieme, sì posso lasciare Melania, no non posso lasciare Melania, insomma deciditi. Rossella allora dice a Franco (sì, nella versione italiana si chiama Franco), il ricco pretendente di sua sorella (di Rossella, non di Franco), che la sorella si sta per sposare con un altro e quindi Franco sposa Rossella, che finalmente torna ricca. Ci chiediamo perché Rossella non abbia amiche donne? No, è una domanda retorica. L'unica che continua imperterrita a difenderla è Melania, che forse preferisce tenersela vicina («Tieni vicini i tuoi amici e ancora più vicine quelle che ci provano con tuo marito» diceva nonna Evelinda). Franco muore. Rossella allora sposa Rhett, hanno una figlia, la figlia muore. Sarà che Rossella mena sfiga? Rhett pensa di lasciarla ma poi resta. Alla fine del film Melania muore (sì, Rossella mena sfiga) dicendo a Rossella che adesso può tenersi Ashley, le dà praticamente il suo benestare, anzi le chiede proprio di occuparsi di lui. Rossella si rende conto di amare Rhett, Rhett la lascia, Rossella ci penserà domani. Dopotutto, domani è un altro giorno.

Quand'ero piccola non sopportavo la cugina Melania. La chiamavo Melansia ogni volta che parlavamo del film. Mi metteva agitazione la sua personalità: così buona, così tranquilla, così devota, così pronta a giustificare i comportamenti egoisti di Rossella, tanto da non rendersi conto che Ashley (il marito di Melansia) a un certo punto è nel capanno avvinghiato proprio a Rossella. Lei vorrebbe scotolettarselo lì, sulla terra arsa di Tara, a due passi dalla moglie. Solo che lui le dice che lei gli sta a cuore ma non la amerà mai. Poi si baciano ma lui fa il ritroso, che se solo potesse bla bla bla. Sì, Ashley è un Bon Bon Bla Bla di proporzioni epiche.
Melania, dapprima odiata e poi a un certo punto considerata, era sempre difesa da zio Unfrido Tancredi Maria, che mi ripeteva: «Capirai quando sarai più

grande l'importanza di lasciare da parte i dubbi ed essere gentile con le persone... Non sai che leggerezza di cuore!». Ma ero troppo giovane davvero.

METODO MELANIA

Questo metodo è uno stile di vita (non facile da mantenere), ma si può utilizzare anche alla bisogna!

Consiste nell'affidarsi alla gentilezza, virtù importante e spesso dimenticata, ponendo l'attenzione sui lati positivi delle situazioni e soprattutto delle persone, anche quelle che sembrerebbe ci stiano facendo un torto o agiscano in modo negativo. Il comportamento spiacevole è sempre sinonimo di un disagio o di una frustrazione, provare compassione e mettere in moto la gentilezza non significa giustificarlo, ma prenderne le distanze e, come direbbe zio Unfrido Tancredi Maria, vibrare a un'ottava più alta. La gentilezza (se fatta nei confronti dell'altra persona senza aspettarsi nulla in cambio) dà gioia, leggerezza, pace e... riduce lo stress. E inoltre invoglia l'altra persona a essere gentile con te.

Non è detto, non è scontato che lo faccia, ma le possibilità che ciò avvenga aumentano.

Ah, Rossella! La quintessenza della manipolazione e dell'arrivismo, in grado di gestire qualsiasi situazione (ma non qualsiasi uomo): coriacea, indomabile, viziata. Sebbene con una qualità essenziale per vivere serenamente, che ci regala solo alla fine del film, quando Rhett la abbandona e lei pronuncia una delle frasi più citate in assoluto: «Dopotutto, domani è un altro giorno». Però dobbiamo fare un passettino indietro, a qualche riga precedente del copione, per capire chi sia davvero Rossella, quando dice: «Non posso pensarci ora. Se no divento pazza. Ci penserò domani». Ho avuto questa frase nelle orecchie per così tanto tempo da non rendermi conto quanto fosse importante, ma adesso è il momento di rendere giustizia alla scaltra Rossella e dedicarle un Metodo.

METODO ROSSELLA

Questo metodo è da utilizzare solo alla bisogna!

Ci si affida al metodo Rossella nel momento in cui un grave problema ci affligge e non abbiamo la forza per trovare una soluzione immediata. Spesso concentrarci a caldo su un'annosa questione porta a un pensiero ossessivo e inconcludente. Il metodo consiste nel prendere esempio dalla protagonista e fare proprie le sue parole: «Ci penserò domani». Perché la realtà dei fatti è questa: staccare, spostare l'attenzione dal problema, ci permette di guadagnare tempo, recuperare le energie, guardare le cose da una prospettiva più ampia e avere la mente fresca per trovare una soluzione che sciolga il dilemma.
Non è di semplice attuazione, ci vuole la fermezza di Rossella O'Hara per riuscirci, ma vi assicuro che non è impossibile.

SOLDINO

Quando eravamo bambini, nonno Landolfo Tomasi Maria ci teneva molto che stessimo composti a tavola. Utilizzava una tecnica tramandata da generazioni, che consisteva nel metterci sotto gli avambracci due volumi dell'enciclopedia che svettava sulle mensole del salotto. Diceva che, grazie a questo metodo, avremmo evitato di sporgere i gomiti in fuori, avremmo alle-

nato i muscoli e magari per osmosi avremmo anche imparato qualcosa. Mio fratello Roderigo Maria non aveva preferenze ma si teneva ben lontano dal volume C-D per paura che – per il fenomeno sopra citato – la C gli facesse crescere più Colleoni. Io invece chiedevo sempre il volume dalla V alla Z, perché a mio parere era quello che veniva sempre scelto per ultimo e di conseguenza aveva più bisogno di compagnia. Era una bella sfida mangiare in quelle condizioni, dopo anni i volumi erano tutti ammaccati sugli angoli. L'unico che svettava intonso era, ovviamente, quello della lettera C.

Stavo cercando spunti per una nuova posizione dello Schiaffasutra *che migliorasse il tono muscolare quando, rimembrando questa usanza familiare, ho avuto l'illuminazione: perché non posizionare qualcosa in un punto del corpo che invogli a mantenere equilibrio, concentrazione e, magari, per osmosi, vada a stimolare qualcosa al di fuori dell'Accoppiamento Presto? E così è nata la posizione del soldino!*

NECESSAIRE: *una moneta, se antica è anche meglio.*
ESECUZIONE: *posizionare il soldino tra i glutei (non nella Zona VIP!) e Accoppiarsi Presto senza far cadere la moneta.*
N.B.: *la ricerca scientifica attorno a questa posizione non è ancora completa, ma abbiamo già ottimi risultati. Sembrerebbe che aiuti a sviluppare la capacità di risparmiare denaro.*

Capitolo 10

LA DONNA, IL SOGNO E IL GRANDE INCUBO DEL BACIO

«Quando in casa squilla il telefono e senti tuo figlio correre verso l'apparecchio urlando: "Vado io!" capisci che sei alle prese con un adolescente» ha detto un giorno mia madre Natalia, mentre beveva un tè in salotto, commentando il comportamento che io e mio fratello Roderigo Maria avevamo iniziato ad assumere da un po' di tempo.

«Neve e adolescenza sono gli unici problemi che scompaiono se li ignoriamo abbastanza a lungo, l'ho letto in un libro, e sono decisamente d'accordo» aveva replicato Tata Rosana mentre spolverava la stanza, muovendosi con efficienza tra le porcellane orientali esposte sulle mensole. Nonna Evelinda Gertrude Mignonette era seduta sulla poltrona d'angolo e stava sorseggiando qualcosa dalla tazza con le farfalle dipinte. Annuendo con aria serissima, ha asserito: «Invece le rughe sono il contrario. Sono come i difetti di un uomo: quando spuntano non passano più. Possono solo peggiorare». Io spiavo la loro conversazione con gli occhi spalancati: mi sembrava che quelle tre donne, le donne più importanti della mia vita, sapessero tante cose che a me sfuggivano. Soprattutto in ambito amoroso. Io ero timidissima, non correvo quasi mai rischi per paura di essere rifiutata, al contrario di mio fratello Roderigo Maria che si spendeva in dichiarazioni d'amore e composizione di poemi epici almeno una volta alla settimana. Ormai avevamo smesso di ascoltare quando entrava in casa avvertendoci di aver trovato la donna o l'uomo della sua vita. Roderigo Maria cavalcava l'onda, io invece non sapevo interpretare i segnali. Con gli anni è diventato tutto più facile. Ci ho messo parecchio tempo a capirlo, ma la regola è sempre quella e vale per tutt*: contano sempre i fatti, non le parole. Se ti vuole, si muove. E allora un giorno ho deciso di muovermi io.

Lui mi piaceva tantissimo. In più di un'occasione mi era parso di capire che, sebbene avessi quattro anni in meno, anche lui era interessato a me. Suo fratello era un mio compagno di classe e proprio da lui mi feci prestare un CD, in modo da avere una scusa per passare a casa loro per restituirlo (l'idea me la diede, ovviamente, Roderigo Maria, io non sarei mai arrivata a concepire una tattica così elaborata da sola). In una luminosa mattinata di inizio settembre partii in sella alla mia bicicletta. Ero armata di determinazione e ovviamente di zainetto contenente l'ariete che mi avrebbe permesso di aprire la porta di casa (e forse del suo cuore?): il CD degli 883 *La donna, il sogno e il grande incubo*. E quando ho suonato il campanello lui, proprio lui, l'oggetto del mio desiderio ha aperto la porta. Scoprendo che era solo in casa, ho faticato a contenere l'emozione. Forse percepito il mio stato d'animo, mi ha offerto un bicchiere d'acqua e ci siamo accomodati sul divano. Dalle finestre filtrava il sole. La televisione era accesa ma senza volume. Seduta a poca distanza, ho iniziato a fissarlo, sorridendo come un'ebete. Quando se n'è accorto, mi ha detto: «Ah, vuoi che alzi?». Solo dopo che l'ha fatto mi sono resa conto che in tv stavano trasmettendo il funerale di Lady Diana. Ero smar-

rita e non sapevo come recuperare la situazione. Ma lui si è sistemato sul cuscino e ha puntato lo sguardo sulla trasmissione. A quanto pare ci teneva proprio a guardarla. Tutta.
Alla fine della cerimonia ha spento e ha dichiarato: «Scusa, ma adesso devo proprio uscire». Io dovevo avere un'espressione tristissima. Ho creduto avesse capito la situazione, finché non mi ha chiesto: «Ti dispiace per Diana?».
Ho fatto "sì sì" con la testa. E lui ha detto: «Sei veramente dolce» mentre si avvicinava. Allora c'era del tenero! Allora non ero l'unica a provare qualcosa. Stavo per chiudere gli occhi in attesa che le nostre labbra si sfiorassero, quando l'ho visto abbassarsi un po' troppo. Ha preso dalla mia mano il CD, che stavo stringendo da un'ora abbondante: «Ah! Ce l'avevi tu? Ecco a chi l'aveva prestato mio fratello!».

Sono rientrata a casa mentre mio zio Unfrido Tancredi Maria stava uscendo. Era appena tornato da un ritiro spirituale in Svizzera dove aveva approfondito lo studio dei Tarocchi. Ha colto la mia espressione imbronciata e mi ha chiesto cosa stesse succedendo. Gli ho raccontato la vicenda.

«Avresti dovuto aspettartelo» ha commentato, affettuosamente.
«In che senso?» ho chiesto io.
«Be', gli hai portato un disco...»
«CD, zio, si chiamano CD» l'ho corretto, ma lui era già partito con la tesi.
«Che si chiama... Come hai detto che si chiama?»
«*La donna, il sogno e il grande incubo*» e mentre pronunciavo quelle parole ho capito: la donna ero io, il sogno era il mio sogno d'amore, il grande incubo era la mattinata appena passata ad aspettare un bacio guardando un funerale. «Hai ragione, zio» ho detto, solenne. «La prossima volta mi faccio prestare *Latin Lover* di Gianna Nannini.»

SCHIAFFA-THERAPY

Cara Doc,

a Capodanno vengo invitata a casa di un'amica. Durante la festa conosco un ragazzo stupendo, Scoiattolino. Dopo aver ballato insieme in pista per mezz'ora lui mi invita a seguirlo e io accetto. Ci ritroviamo chiusi in uno sgabuzzino a baciarci e lui, voglio dirlo senza mezzi termini, bacia malissimo. Sembra di avere un San Bernardo che cerca di cibarsi della mia faccia. Cerco di spostare la testa a destra e sinistra nel tentativo di depistare la sua lingua, perché non voglio perdere le speranze, è troppo carino! A un certo punto Scoiattolino inizia ad appoggiare cautamente le mani sulla mia Zona VIP. Io non sono dell'idea ma mi imbarazza dirgli di non farlo e opto per una tecnica inventata lì per lì: mi appoggio alla parete con forza, proprio nel punto in cui c'è la sua mano.

Lui dice: «Ahia», io dico: «Scusa» e riprendiamo a baciarci (male). Poi ci riprova e io mi appoggio di nuovo alla parete. Mi aspetto che dica: «Ahia» ma invece dice: «Scusa un attimo» ed esce dallo sgabuzzino. Forse è andato a prendere un preservativo? Chissà, magari la sua incapacità di baciare è inversamente proporzionale alle abilità nell'Accoppiamento Presto. Speriamo. Nel mentre, aspetto che torni. Sto lì per cinque minuti, che diventano dieci e poi venti. Quindi mi preoccupo, penso che a Scoiattolino sia venuto un infarto e me lo immagino moribondo steso sul pavimento, crollato a terra dalla passione prima di potermi raggiungere. Metto la testa fuori dallo sgabuzzino e lo vedo. Non è steso sul pavimento moribondo, no. Sta baciando un'altra ragazza. Anzi, dovrei dire che entrambe le loro lingue sono fuori dalle loro bocche come due lombrichi che cercano la propria strada nella sabbia.
Sarebbe quasi uno spettacolo naturalisticamente irresistibile, se non fosse che sono arrabbiata nera. Cosa posso fare?

Scoiattolina91

Cara Scoiattolina91,

se non fa nulla, se ti fa aspettare, se ti lascia le briciole, se ti orbita attorno senza mai chiederti di uscire, se ti scambia per una panchina, se rimanda, se bacia un'altra davanti a te...

Se, se, se...

E soprattutto SE fa il Bon Bon Bla Bla o la Sciu Sciu di Legno: non è interessat* a te. Ed è inutile sprecare energie per chi non è interessat*.

L'ho già detto, lo so, ma non mi stancherò di ripeterlo. È dura, ma bisogna farsene una ragione e mollare la presa. Io ero all'oscuro di queste regole universali durante la mia adolescenza.

Ma c'è chi ne è all'oscuro anche da adult*, e per quanto sia un compito arduo, mi prendo la responsabilità di farti aprire gli occhi.

Si dice che Galileo abbia detto: «Eppur si muove» a proposito della terra che gira, ma a mio avviso parlava delle persone che sono realmente interessate a noi. Il padre della scienza moderna – o chi gli ha attribuito questa frase – lo sapeva: se è interessat*, si dà una mossa.

DIMMI COME BACI E TI DIRÒ CHI SEI

Alcune persone hanno un talento innato, altre si mettono d'impegno e cercano di migliorarsi, altre ancora invece non sanno di non saperlo fare.
È ovvio che quando il primo bacio fa girare la testa sembra tutto in discesa.
Ma vuoi mettere la soddisfazione di aver insegnato a qualcuno come si bacia?
Se ti trovi nell'infausta situazione di essere baciat* in modo pessimo, non focalizzarti sul negativo. Ribalta la situazione e chiedi all'incaut* partner: «Mi insegni a baciare come te?».
Potrebbero nascere situazioni interessanti.
Forse anche imbarazzanti, ma una volta vinto l'imbarazzo arrivano le risate. E ridere insieme è terapeutico.
Lo step successivo ovviamente sarà: «Adesso posso farti vedere come bacio io?».
E allora potrete appurare insieme quale sia la tecnica che più vi aggrada, e magari inventarne una tutta vostra!

Capitolo 11

CREDI NELL'AMORE A PRIMA VISTA O RIPASSO TRA POCO?

Finita la scuola superiore, io e Lavinia abbiamo scelto due facoltà differenti: lei Giurisprudenza, io Boccalicologia. Ma questo non ci ha impedito di frequentarci assiduamente nonostante gli impegni.

Ricordo benissimo il giorno in cui ho conosciuto Lavinia Costanza. In seconda elementare ho cambiato scuola e il primo giorno, poco dopo aver varcato il portone, i miei occhi si sono posati su una bambina bionda con la coda di cavallo che chiacchierava con una compagna. Guardandola ho pensato: “Io voglio essere amica di quella bambina”. È stato come rico-

noscersi, un colpo di fulmine per entrambe, perché mentre la osservavo lei ha alzato lo sguardo, mi ha vista e mi ha sorriso. E ha pensato la stessa cosa.
Oltre a essere due note – almeno per la mia famiglia – Acchiappafantasmi, abbiamo condiviso tutto. Abbiamo discusso più volte a causa di Michael J. Fox perché non riuscivamo a decidere chi tra noi due lo amasse di più (senza dubbio io). Abbiamo gestito un racket delle figurine Panini raggiungendo l'apice del successo grazie all'album della *Sirenetta*. Ci siamo date man forte nel confezionare i costumi di carnevale dal 1990, anno in cui Lavinia, che ha sempre avuto un'inclinazione per la politica, ha deciso di vestirsi da Caduta del Muro di Berlino e io da Freddie Mercury. Lei mi ha disegnato i baffi e io le ho costruito un muro di cartone intorno. Poi abbiamo messo in scena *Don't Stop Me Now sulle macerie della Guerra Fredda* con Mister David che ci accompagnava al pianoforte e mio fratello Roderigo Maria, vestito da Jane Fonda in versione aerobica, che ci saltava intorno. Il nonno ha detto che nemmeno alla Biennale di Venezia aveva visto qualcosa di tanto ardito e originale.
«Sono fermamente convinta che le anime gemelle esistano anche nelle amicizie» ho detto un giorno a

zio Unfrido Tancredi Maria, che ha replicato: «Non posso che essere d'accordo. Guarda nonna Evelinda e Mister David» indicandomeli mentre si sussurravano pettegolezzi sorseggiando Champagne, seduti al pianoforte. Lei lo accompagnava suonando, lui cantava le canzoni di Frank Sinatra. Ormai da tempo aveva preso il mio posto durante le merende liriche della nonna. Nessuno avrebbe potuto esserne più degno.

Lavinia è sempre stata al mio fianco e mi ha salvata in più di un'occasione. Come quando al ballo delle debuttanti un ragazzo si è avvicinato e mi ha detto: «Ma il tuo papi fa il pasticcere? Perché sei dolcissima».

Lei, che era accanto a me, ha replicato: «No, suo padre fa il becchino. Tira tu le conclusioni». Negli anni, abbiamo palleggiato con molteplici frasi a effetto, il cui effetto però non era mai quello sperato da chi ci poneva la fatidica domanda.

Durante quel nostro primo anno di università, da due super amiche siamo diventate quattro, dato che ognuna di noi ha introdotto un membro nel gruppo: lei mi ha presentato Ivette, una studentessa francese trasferitasi in Italia per amore che frequentava l'Accademia di Belle Arti; io le ho fatto conoscere

Audrina, padre britannico e madre italiana, studentessa di Economia. Eravamo molto diverse, avevamo valori e obiettivi di vita differenti, ma trovavamo sempre il modo di passare del tempo assieme.
Una sera eravamo in un locale.
«Mi ha invitato a uscire uno molto carino» dice Ivette. «Ho chiesto in giro informazioni su di lui. Ho scoperto che non è nemmeno maggiorenne.»
Audrina, esterrefatta, alza un sopracciglio.
«*What*? Ma cosa dici a uno che non è nemmeno maggiorenne?»
«Che prendi dieci euro all'ora come babysitter» ho sentenziato io.

Abbiamo riso tutte, così Ivette si è sentita giustificata a continuare con il suo solito entusiasmo: «Però guardateci, ragazze! Qui sedute in quattro a bere un aperitivo e parlare di uomini... Siamo come quelle di *Sex & the City*!».
«Oddio» dice Lavinia perplessa. «È vero, anche se a me non piace quel telefilm. È così autoreferenziale e classista. E anche razzista. Non ci sono persone di colore, le minoranze non vengono assolutamente rappresentate né tantomeno difese.»
«Noi siamo meglio di quelle di *Sex & the City*.

Noi accogliamo i meno fortunati» dice Audrina, serissima.
La guardiamo tutte, stupefatte. E poi aggiunge: «Abbiamo Ivette!».
Io indico Ivette e dico: «Ma Ivette è francese!».
«Appunto,» dice Audrina «non hanno il bidet!»
Scuotendo la testa aggiungo: «Ci sarà un momento in cui queste battute non si potranno più fare, Audrina».
«Certo. E ci sarà un giorno in cui le donne guadagneranno quanto gli uomini» chiosa lei.

Dopo l'aperitivo siamo andate in un locale, suonava la band del fidanzato di Lavinia. A me lui non piaceva particolarmente ma, come aveva detto una volta nonna Evelinda: «Le amiche te le puoi scegliere. I loro fidanzati, invece, sono come i brufoli: spuntano nella tua vita dal nulla, alcuni ci metteranno un'eternità ad andarsene e probabilmente lasceranno anche una cicatrice».
Mentre io e Lavinia stavamo ordinando una Caipirinha al bancone, il suo ragazzo si è avvicinato con un amico che chiaramente insisteva per essere presentato. Dopo qualche frase abbozzata, mi ha guardata e ha detto: «Bel vestito. Ma staresti meglio con

addosso solo me». Io ho iniziato a ridere e non riuscivo a fermarmi, tant'è che la mia amica ha dovuto portami via. Mentre ci allontanavamo, ho cercato vanamente di farmi perdonare dal ragazzo, ma i miei tentativi venivano regolarmente affossati dall'incontenibile moto di ridarella compulsiva che mi aveva travolta. Audrina ci ha raggiunte, le abbiamo subito raccontato quello che era appena successo. Aveva un'espressione perplessa. Quando mi sono ricomposta, ci siamo sedute a un tavolo. E mi è venuto un dubbio: «Dovrei andare a scusarmi con lui?».
Lavinia stava per dire qualcosa ma Audrina ha risposto: «Figurati! È lui che dovrebbe scusarsi. Dovrebbe essere illegale provarci con una frase del genere».

Credi nell'amore a prima vista o ripasso tra poco?

DIECI (NUOVI) COMANDAMENTI PER FAR ANDARE L'ACCOPPIAMENTO NEL MIGLIORE DEI MODI

1

Non parlare degli/delle ex e soprattutto non fare confronti.

2

Non fare pedissequamente tutto quello che hai letto in quell'articolo = no, non a tutt* piace lo Schiaffeggiamento Culico o il Massaggio Boccalico. Ciò che leggi online o su una rivista non è oro colato.

3

Non criticare/giudicare il fisico altrui.

E se lo fanno con te mostra loro la porta. Sono persone che non dovresti avere nella tua vita.

4

Non aspettarti che sia l'altra persona a portare i preservativi. Agisci d'anticipo e procuratene una scatola.

5

Quando stai per raggiungere il Momento Frizzantello, dillo. Soprattutto se ti stai accoppiando con un uomo. Se non capisce si sente stupido, se si sente stupido va in crisi, se va in crisi la volta successiva cercherà di rimediare e, mentre ti stantuffa come una mitragliatrice, ti tirerà i capelli pensando che sia quello che ti serve per arrivare al Momento Frizzantello (e probabilmente lo fa perché nel frattempo ha cercato risposte nel posto peggiore per farlo: i porno). Questa è una storia vera, è successo a Ivette.

6

Togli le foto dei parenti dal comodino: qualcuno potrebbe essere sensibile allo sguardo perentorio di nonna Adalgisa che sembra giudicare quella posizione dello *Schiaffasutra* che siete intent* a sperimentare.

7

Hai comprato un fantastico lucidalabbra per il Massaggio Boccalico, in grado di regalare sensazioni strepitose, ma il cui ingrediente principale è il peperoncino. Trova un modo per informarti preventivamente se è allergic* o meno, se non vuoi trovarti al pronto soccorso a dover spiegare al medico perché il/la partner è in preda a uno shock anafilattico. Anche questa è una storia vera, è successa a Audrina.

8

Sii chiar* su ciò che vuoi o che non vuoi. Se lei ti chiede di cavalcarla vestito da Re Artù con cotta di maglia, spadone medioevale ed elmo piumato e tu non sai come dirle che non vuoi e ti limiti a una scrollata di spalle e un sorriso, non sorprenderti se poi si offende se non ti presenti abbigliato da Re di Britannia.

9

Lavati.

10

Non spendere soldi per i corsi di seduzione. Stai alla larga da *Come trovare la sicurezza in trenta giorni* o *Come conquistarla in una settimana*. Semmai vai da un* psicolog* e cerca di risolvere i tuoi traumi infantili. Ah, e non farti abbindolare dai profumi ai feromoni. Sono una bufala gigantesca.

«SE PRETENDI CHE SIA SEMPRE COME VUOI TU, COMPRATI UN PELUCHE»

Se non hai voglia di accoppiarti, se non ti senti a tuo agio, se hai un problema, dillo chiaramente. Ascolta e comunica all'altr* ciò di cui hai bisogno. Non c'è nulla di male nel fermarsi. Se l'altra persona insiste, cerca di convincerti o di manipolarti per ottenere un accoppiamento, sappi che è un comportamento scorretto. NESSUNO ha il diritto di importi qualcosa.

Una Schiaffalover una volta mi ha chiesto: «Doc, ma ci si può accoppiare al primo appuntamento? O aspetto almeno il secondo?». Ci hanno fatto credere che tenersi stretta la Sciu Sciu sia sinonimo di serietà, usando il termine «concedersi» (o altri a mio avviso ancora peggiori). Il punto non è quando lo fai, quanto, né tantomeno con chi. Il punto è se lo fai serenamente oppure no. Vuoi accoppiarti al primo appuntamento? Vuoi conoscere bene quella persona perché è di questo che hai bisogno? Non c'è una formula magica. E chi cerca di importela può andare serenamente *affancactus*.

Capitolo 12

LA DUREZZA DEL MARMO EMPERADOR

L'estate del secondo anno di università fu un inferno. Con l'afa addosso, cercavamo tutte a nostro modo di completare gli ultimi esami dell'anno. Verso inizio giugno, fui invitata alla festa di compleanno di un'amica, la Contessina Camilla Bracioli Dazio, nella sua tenuta in Valpolicella. Un party molto gradevole: grigliata, amici, amici di amici, amici di amici decisamente bononi, piscina, gonfiabili in piscina, una moltitudine di gonfiabili in piscina. Insomma, una festa promettente. Se c'è una cosa a cui non so resistere sono i gonfiabili.

In tarda mattinata sono già campionessa indiscussa della giornata per via di un tuffo in groppa a un orca con cui riesco a introdurmi in una ciambella a forma di ananas: un accoppiamento Orca-Ananas-Schiaffazzi che potrebbe dare vita a una nuova categoria su Discovery Channel. Oppure a Masterchef. Dopo pranzo un invitato – Miguel Ricardo Santiago de Mendoza y Sarmiento – un nobile spagnolo decaduto con cui appena arrivata avevo amabilmente chiacchierato cercando di distogliere l'attenzione dai suoi addominali che parevano scolpiti nel pregiatissimo marmo Emperador, mi invita a raggiungerlo in piscina per una sfida acquatica. Se c'è una cosa a cui non so resistere sono le sfide con gli addominali scolpiti.

La dinamica è la seguente: in piscina c'è Miguel Ricardo Santiago de Mendoza Eccetera che regge la ciambella gonfiabile a forma di ananasso. A bordo piscina, a un passo dal trampolino, ci sono io. Mi raggiungono le parole blasonatissime di Miguel Ricardo Santiago Eccetera che suonano pressappoco così: «*Venga, guapa, salta en el ananas como un pin up nadadora, un león en el fuego que eres bravisima*». Io faccio un passo sul trampolino. Inizio a molleggiarmi. Valuto l'angolazione, la distanza, la profondità, l'accento, il sorriso, gli addominali. Infine mi fermo dicendo: «Mi dispiace, ma non credo proprio di farcela». Gli invitati che hanno fatto capannello per assistere alla performance iniziano a tifare; Uberto, un marchesino di Gallarate che sta prendendo il sole mentre galleggia su un materassino-trancio di pizza, mi esorta: «Dai che ce la fai! Cosa vuoi che sia in confronto a quello che hai fatto qualche ora fa!».
Miguel Ricardo Eccetera, mentre ancora regge il gonfiabile con i guizzanti muscoli iberici, come fosse la sua spalla comica, aggiunge: «*Ma como tienes paura che ogimatina hai fato esa cosa erótica de la orca dentro al ciambelone che parecía que anco la orca teneba placer y me vino todo un brividón*».

Se c'è una cosa a cui non so resistere sono i brividi con l'accento spagnolo.

Non capisco più niente. Indietreggio di otto metri, mi metto a correre verso la piscina, salto sul trampolino, mi tuffo, centro l'ananasso, probabilmente centro il cuore ispanico, centro anche il fondo della piscina. Risalgo, con la grazia della Venere del Botticelli e l'entusiasmo di Mauro Repetto degli 883 nel '92. Incrocio lo sguardo di Miguel Eccetera che lancia il gonfiabile ananassico e tende le braccia verso di me. Finalmente. Ma la sua espressione è una maschera d'orrore. Capisco che qualcosa non va, penso di avere un bernoccolo sulla fronte e forse il nobilissimo è razzista nei confronti degli unicorni. La Contessina Camilla Bracioli Dazio, che sta osservando la scena dal bordo, sviene. Mi rendo conto che la ferita deve essere più grave del previsto. Il marchese di Gallarate abbandona il suo trancio di margherita, mi trascina fuori dall'acqua e poi al pronto soccorso. Lì si presenta un dottore, per ricucirmi. Ha le mani di Gianni Morandi, sembrano due pale per infornare la pizza; un suo dito è grande come un mio braccio. Continuando a ragionare così, se tutto era proporzionato, avrei potuto quasi dimenticare Miguel Ricardo

Santiago de Mendoza y Sarmiento. Ma poi per fortuna mi hanno sedata e ho perso i sensi.
Il giorno dopo, tumefatta, ho accolto le mie amiche che sono venute a trovarmi.
«Sentiamo,» mi dice Audrina «che punteggio hanno dato i giudici al tuo tuffo in piscina?»
«Non lo so,» replico «so che i medici hanno optato per cinque punti. Di sutura.»

Dopo qualche settimana avrei realizzato anche un'altra cosa: fare pazzie per cercare di fare colpo su un nobile spagnolo addominalato che ti piace è inutile. Soprattutto se quel nobile spagnolo addominalato finisce per fidanzarsi con un dottore con le mani di Gianni Morandi.

CONDOM O NON CONDOM, QUESTO È IL PROBLEMA

Ma se invece va a finire bene? Se l'incontro produce un esito roseo?
Se sei riuscit* ad attirare la sua attenzione, se c'è interesse da parte di entramb*, se arrivate al fatidico momento dell'Accoppiamento Presto, non dimenticarti il preservativo.

C'è chi ha provato a usare un calzino, chi un sacchetto per il freezer, chi la pellicola trasparente, uno si è addirittura siliconato il Bon Bon ed è finita malissimo.
Ma il preservativo non è il male assoluto.
Anzi: non usarlo produce più danni che altro.
La sensazione è diversa? Certo, ma ne esistono di talmente sottili da essere usati e goduti in tutta tranquillità. Non bisogna nemmeno andare in farmacia.

Ci sono shop online che fanno arrivare il pacco direttamente a casa e in modo del tutto anonimo. Se decidi di fare l'esperienza di acquisto in negozio, fallo con il sorriso. È importante: nessun commesso o commessa dovrebbe giudicarti per questo. Non concedere a nessuno il potere di farti sentire in difetto se stai facendo qualcosa per tutelare la salute e la sicurezza non solo tua ma anche dell'altra persona. E, per chi non lo sapesse, in commercio ci sono anche i preservativi femminili, sebbene l'uso non sia così comune.

Lo stesso discorso vale in casa: se sei single e hai Accoppiamenti Presto con persone sconosciute, tieni i preservativi vicino al letto. Non devi esporli, puoi metterli in un cassetto o in una scatola sopra al comodino. Saranno pronti e caldi per quando il momento si farà bollente!

Certo, c'è sempre la possibilità che incontri qualcuno che non li vuole usare. Che cerca di convincerti che senza è meglio. Qualche anno fa l'Università di Washington ha pubblicato uno studio riguardo alle resistenze nell'uso del condom, intervistando trecentotredici uomini tra i ventuno e i trent'anni e chiedendo loro quali scuse avessero utilizzato maggiormente. Attenzione: non sto dicendo che solo gli uomini spingono per non metterlo. Ma la percentuale è notevolmente più alta, ovviamente perché la questione li riguarda più da vicino.

Hai il diritto di pretendere che vengano usati dispositivi di sicurezza durante l'Accoppiamento Presto. Chi afferma il contrario, chi non sente ragioni, chi cerca di farti sentire in colpa, di ricattarti psicologicamente, di manipolarti perché tu acconsenta è una persona da cui devi scappare. In fretta. E il più lontano possibile.

Indovina quali sono le scuse più utilizzate dagli uomini secondo la ricerca dell'Università di Washington.

NON PREOCCUPARTI, NON HO MALATTIE.

SE NON USO IL PRESERVATIVO POSSO SENTIRTI MOLTO DI PIÙ.

NON RIESCO A TRATTENERMI,
DAI FACCIAMOLO ADESSO!
COS'È... NON TI FIDI DI ME?
POSSO EVITARE DI USARLO?
SO CONTROLLARMI BENISSIMO, SOLO UN FESSO PUÒ SBAGLIARSI.
SONO ALLERGICO!
È TROPPO PICCOLO PER ME.
ME L'HA MANGIATO IL CANE!
MI HANNO DERUBATO PER STRADA.
L'HO PRESTATO AL MIO MIGLIORE AMICO E NON ME L'HA ANCORA RIDATO.

MI HANNO BLOCCATO
TUTTI I CONTI BANCARI,
NON HO POTUTO
COMPRARLO.

LI HO LASCIATI SUL BALCONE
A PRENDERE IL FRESCO,
IL VENTO DEVE AVERLI FATTI
VOLARE VIA!

È VENUTO
UN ALIENO E MI HA DETTO:
«O LA VITA O I PRESERVATIVI».

HO SENTITO
DIRE CHE SE USI
IL PRESERVATIVO
DIVENTI CIECO!

ERO ENTRATO IN FARMACIA PER COMPRARLI,
MA MI È SEMBRATO CHE CI FOSSE IL TERREMOTO
E SONO CORSO FUORI.

CORMORANO PELAGICO

Ero in vacanza sulla barca a vela della Contessina Camilla Bracioli Dazio. Stavamo amabilmente navigando nelle acque settentrionali dell'Oceano Pacifico, quando abbiamo iniziato una lunga disquisizione

naturalistica. La cara Contessina mi ha raccontato di avere una passione per i cormorani e mi ha spiegato che il Marangone dal ciuffo pelagico, più comunemente conosciuto come Cormorano Pelagico, ha ali corte poiché è un abile tuffatore e nuotatore, e questo lo rende l'uccello con i costi di volo più alti di tutti. Volare deve essere davvero stressante, per il povero Marangone. Lui infatti preferisce immergersi e fare il subacqueo. Una volta raggiunta la rada, mi sono sdraiata a prua, scrutando l'orizzonte, finché non ho visto un piccolo uccello che galleggiava tranquillo. L'ho visto tuffarsi e non risalire per molto tempo. Ero quasi spaventata, ma la mia amica mi ha raggiunta e, guardandomi raggiante, ha detto: «Quello è proprio un Cormorano Pelagico!».
Era un animale davvero curioso e a cui, a mio avviso, bisognava rendere omaggio. E in quel momento, l'illuminazione: avrei potuto farlo con una nuova posizione dello Schiaffasutra*!*

NECESSAIRE: *lenzuola blu oltremare.*
ESECUZIONE: *un* dei due si sdraia sul letto (che sarà stato preparato con le lenzuola blu oltremare) muovendosi sinuosamente come se fosse nelle acque profonde; l'altr* è di fronte, in piedi sul letto. Chi è in piedi si tuffa di testa, mirando la Sciu Sciu o il Bon Bon del/della partner ben cosparsi di lubrificante a base acqua. Nel momento del contatto, senza perdere tempo, comincia un immersivo Massaggio Boccalico.*
ATTENZIONE: *al momento del tuffo, tenere a bada la foga agonistica il minimo indispensabile onde evitare di rompersi il naso!*

Capitolo 13

SE È DI LEGNO, NON CE LA FA NEMMENO BRUCE LEE

Prima dell'ultima sessione estiva di luglio, Lavinia, Ivette, Audrina e io abbiamo deciso che era il caso di combattere lo stress dello studio con un adeguato weekend al mare, lontano dagli esami e dai pensieri. Mentre eravamo sedute sui divanetti di una discoteca della riviera di Levante, e le melodie delle Destiny's Child si spargevano nell'aria, Ivette ci confida che qualche giorno prima aveva avuto un incontro bollente con Carlo, un ragazzo con cui usciva da pochi giorni. Una sua amica parigina le aveva fatto recapitare un regalo di compleanno acquistato in un elegante negozio di Pigalle (quartiere noto per il Moulin Rouge e per i sex shop che lì pullulano come gradevoli funghetti) e lei aveva deciso di provarlo poco prima di accoppiarsi con lui: un olio riscaldante per la Sciu Sciu.

«*Well*, Ivette, cosa hai combinato?» Audrina non ha mai brillato per la sua pazienza.

«Io niente! Ha fatto tutto lui!» risponde Ivette piccata.

«Ma lui chi? Carlo?» chiede Lavinia, sottovoce.

«No! L'*huile*! L'olio! Mi ha trasformato la Sciu Sciu in una... Come si dice quella cosa che fa calore?»

«Una stufa a pellet?» domanda Lavinia.

«Un treno a vapore?» suggerisce Audrina.

«Un lanciafiamme?» dico io.

«*Bon sang*... Tutte e tre le cose insieme!»

«E poi come è finita?» chiediamo quasi in coro.

«Io ho cercato di spiegargli che non potevo quella sera, avevo un problema. E lui ha pensato che era una scusa. Se ne è andato dicendo che ero una qualcosa *de bois*. Di legno. Non ho capito tanto bene. Era molto arrabbiato. E poi oggi...» Ivette prende il suo minuscolo Motorola dalla borsa, lo apre e ci mostra un messaggio «mi ha scritto questo». Poi passa il cellulare a Lavinia che legge: «Dalla non è solo un cantante, è un consiglio». Quindi ci guarda, sconvolta. Ivette, che non conosce la musica italiana né tantomeno gli artisti che hanno fatto la storia del nostro Paese, non capisce la (pessima) battuta. Lavinia, elegante come sempre, aggiunge, viola in faccia: «Ma io questo vado a prenderlo a ceffoni. Torniamo a Milano, subito!».

Audrina sentenzia: «La frase sta in piedi. Cioè non si può dire che non sia un consiglio logico, almeno dal suo punto di vista».

«Sai qual è il problema?» replico io. «Che questo non si è nemmeno preoccupato di sapere se tu avessi bisogno di aiuto o no. Ha agito in modo egoista, quando a te stava andando a fuoco la Sciu Sciu. Altro che accoppiamento! Avresti avuto bisogno di un idrante.»

«Che cafone» chiosa Lavinia.

«Un super cafone» aggiunge Audrina.

«Come Er Piotta?» chiede Ivette.

«Non conosci Dalla ma conosci Er Piotta?» stavolta sono io quella sorpresa.

E, incredibilmente, il dj fa partire proprio quel disco e ci ritroviamo a intonare subito tutte e quattro: «Sento un fischio, non resisto, musica maestro...».

Poi Ivette, in un tentativo bislacco di romanesco con cadenza parigina, sbraita: «... Vai cor disco!».

«Ma conosci anche il testo!» Audrina non riesce a stare seria mentre Ivette canta insieme al Piotta.
«Se non lo stessi vedendo non ci crederei» commento basita.
«Che è la stessa cosa che ho pensato quando ho visto il Bon Bon del mio ragazzo» ci comunica Lavinia con nonchalance, alzandosi dal divanetto.
E io aggiungo: «Andiamo a ballare. Domani risolviamo il problema della Sciu Sciu Francese Lanciafiamme. Tranquilla, Ivette. La Sciu Sciu di Legno è totalmente un'altra cosa».

LA LEGGENDA DELLA SCIU SCIU DI LEGNO

Quell'estate, Roderigo Maria ha iniziato a scambiarsi messaggi con una ragazza che gli piaceva molto. Lei prometteva uscite, però trovava sempre scuse per non vederlo. Mio fratello era confuso e triste in quel periodo, non l'avevo mai visto così. Una sera siamo andati a trovare Tata Rosana, che non era più in servizio dai nonni, ma aveva aperto un ristorante filippino che serviva un *puto bumbóng* eccezionale. Dopo cena ci ha raggiunti, si è seduta con noi e le ho chiesto di raccontare a Roderigo Maria la *Leggenda della Sciu Sciu di Legno*. Tata Rosana non si è tirata indietro e ha cominciato subito...

«A Tequisquiapan, il paese dove sono nata...»
«Ma tu sei di Capriate San Gervasio, Rosana» ho detto io.
«Appunto. Dicevamo. In Messico, dove sono nata...»

«Ma Capriate San Gervasio è in provincia di Bergamo, Rosana» ho replicato costernata.
«Ma fammi finire!»
«Che è la stessa cosa che dici a tuo marito quando vi accoppiate» ho detto.
«Ecco, appunto. Posso continuare?»
«Scusa, Rosana! Un'altra delle solite cose che ti dice tuo marito quando vi accoppiate. Ok, non guardarmi male, adesso mi taccio» ho detto io.
«Si narra che in epoca antica, nella zona dove ora sorge Tequisquiapan, vivesse un uomo di nome Bernal, che un giorno conobbe una donna, Itzanami. Lui le chiese di passare del tempo insieme, per conoscersi, e lei sembrò ricambiare l'interesse. Quando Bernal non si faceva vedere per qualche giorno, Itzanami andava sempre a cercarlo. Quando lui le portava un regalo, lei lo accettava sempre volentieri. Dopo tre mesi, Bernal cercò di farle capire che gli sarebbe piaciuto qualcosa di più, avrebbe voluto che fossero una coppia, aveva nel cuore il desiderio di Accoppiarsi Presto con lei. Itzanami faceva cenni di assenso, diceva che anche a lei sarebbe piaciuto, ma non si arrivava mai al dunque. Dopo sei mesi Bernal decise di lasciar perdere e iniziò a guardarsi attorno. Itzanami allora lo cercò più insistentemente, catturando di nuovo la sua attenzione. Ma

di accoppiamenti nemmeno l'ombra. Un giorno, Bernal decise di fare un viaggio; voleva capire le motivazioni del comportamento di Itzanami. Percorse molti chilometri a piedi fino a raggiungere un piccolo paese alle pendici di una montagna. Quel posto veniva chiamato il Pueblo Magico, perché lì viveva una donna che aveva grandi poteri. Quando Bernal arrivò, lei sospirò. «*Tu tienes la peña*» disse guardandolo. «Come ti chiami?»

«Bernal» rispose lui.

«Quanto è grande la tua *peña*, Bernal?»

«Quanto quella montagna» rispose lui, indicandola.

«Se la tua *peña* è tanto grande, vuol dire che hai incontrato una Sciu Sciu *de Madera*» sentenziò la maga, battendo le nocche sul tavolo di legno massiccio.

Bernal era incredulo: «Non capisco. Cosa stai dicendo, o suprema?».

Lei sorrise serafica e rispose: «Prima di riuscire ad accoppiarti con una Sciu Sciu di Legno, dovrai essere in grado di spostare quella montagna».

«Ma è impossibile!» protestò lui.

«Vedo che sei anche intelligente, Bernal» proseguì la donna. «Non ho una cura per te, solo il tempo può aiutarti. Ma per lenire la tua sofferenza ho deciso che quella montagna da ora in poi si chiamerà, in tuo onore, Peña del Bernal.»

QUELLO CHE AVRESTI SEMPRE VOLUTO SAPERE SULLA SCIU SCIU DI LEGNO

La divina. La selva oscura. La bocca del piano di sotto. La grotta delle meraviglie. Il tunnel dell'amore. La bella scamosciata. Lo Yellow Submarine.
E tutta una serie di epiteti meno eleganti che adornano ogni vocabolario individuale e regionale.
Per lo *Schiaffabolario*: la Sciu Sciu.
Foriera di gioie (e dolori) è capace di prodezze epiche: dare riparo a qualsiasi taglia di Bon Bon, farsi coc-

colare con sex toys, Massaggi Ditalici o Boccalici, mutare in Sciu Sciu di Legno o in Sciu Sciu Brillante. E poi è in grado di fare magie: aprire le bottiglie, sparare palline da ping pong e mordere i cervelli.
La Sciu Sciu, come il Bon Bon, non ha una forma soltanto, ne ha tantissime e tutte amabilmente differenti. Solo una, però, è fonte di stress e di incomprensioni: la Sciu Sciu di Legno.
Si dice che Bruce Lee potesse rompere tavolette spesse quindici centimetri ma non ce l'ha mai fatta con una Sciu Sciu di Legno.

Ma cos'è una Sciu Sciu di Legno?
È una persona dotata di Sciu Sciu che finge di essere interessata a te, ma in realtà è interessata solo a se stessa. E si dice di legno perché è impossibile Accoppiarsi Presto con lei: prende ma non dà, soprattutto toglie. Energie, per lo più. È la controparte femminile del Bon Bon Bla Bla. La Sciu Sciu di Legno vuole complimenti, pretende di essere al centro dell'attenzione e si offende, prende in giro, provoca e stuzzica. Tutto questo potrebbe essere scambiato per interesse ma non è così.

Attenzione però: non confondiamo la SSDL con la

timidezza e la riservatezza e soprattutto con la mancanza di interesse. Se una Sciu Sciu non si dichiara da subito attratta da voi, oppure non dimostra coinvolgimento, non è di legno! E non avete diritto di arrabbiarvi o pretendere alcunché.
SSDL non è un termine da usare in modo offensivo per una donna che ti piace ma non ti vuole. Se le offri una cena ma non vi Accoppiate Presto non è una Sciu Sciu di Legno. Se gliene offri una ventina perché lei ti fa credere che ci sia feeling, allora hai l'autorizzazione a chiamarla così.
Ma ricorda: se ti fai delle aspettative, è un problema tuo; se le aspettative te le genera lei, hai di fronte una vera Sciu Sciu di Legno.

Se è di legno, non ce la fa nemmeno Bruce Lee

SCHIAFFA-THERAPY

Cara Doc,

lei mi piace ma non abbastanza,
non ho voglia di Accoppiarmi Presto
con Scoiattolina ma mi fa piacere che
mi cerchi sempre e mi porti fuori.
So che è sbagliato, ma le sto facendo credere
che sono interessata e voglio
una storia con lei, anche se non è vero.
È così bello ricevere attenzioni!
Sono una brutta persona?

Scoiattolina91

Cara Scoiattolina91,

non sei una brutta persona,
sei una Sciu Sciu di Legno! In un mondo ideale tu potresti dirle la verità, evitando di farle perdere tempo e illuderla. Stare da sol* non è semplice, anzi. Talvolta è faticosissimo.
Ma scoprire di «essere» qualcosa, ci permette di decidere se procedere su quella strada oppure no. Puoi continuare a frequentarla e darle false speranze. Puoi farti coraggio e liberare spazio.
E quando fai spazio, le probabilità che arrivi qualcosa di nuovo aumentano in modo esponenziale, e dai a chi non ti piace possibilità di essere più felice altrove.

Capitolo 14

IL MERCOLEDÌ DELLO CHAMPAGNE

Eravamo tornate dal weekend balneare da una settimana e Lavinia era sparita per tre giorni. Credevo che volesse passare del tempo con il fidanzato ma poi ci ha chiamate per informarci che lui l'aveva lasciata. Di punto in bianco, secondo lei. Noi invece, a cui lui non era mai piaciuto, non eravamo particolarmente sorprese. Ma come ben diceva nonna Evelinda: «Alcuni lasciano la cicatrice» e Lavinia non c'era nemmeno ancora arrivata a quello stadio. La trovammo a letto, nascosta sotto le coperte, che piangeva a dirotto. L'avevo vista in quello stato solo due volte: quando era morto Freddie Mercury e quando in quinta elementare le maestre avevano smantellato il nostro impero criminale di figurine Panini. Ormai tra i corridoi dell'università era cosa nota che riuscissi a dare buoni consigli e risolvere parecchi problemi, ma in quel momento, con la mia più cara amica, non sapevo che pesci pigliare. Anche Audrina sembrava incredibilmente mossa a compassione. Ivette si nascondeva a piangere ogni volta che poteva perché era talmente sensibile da non reggere il dolore di Lavinia. Nel mentre, imprecava in francese.

Quel giorno abbiamo dato vita a una tradizione che ci avrebbe accompagnate negli anni a venire: Il mercoledì dello Champagne. Avevo lanciato l'idea io, per onorare l'usanza di nonna Evelinda Gertrude Mignonette. Le ragazze avevano accolto con esuberanza questo proposito. Compresa Lavinia, che era riuscita a sorridere nonostante le lacrime. Nonna Evelinda Gertrude Mignonette era ormai per tutte un personaggio mitico, foriero di grandi perle di saggezza. Ogni volta che la nominavo, Audrina diceva che l'aveva eletta a icona personale. E dato che la nonna era una grande sostenitrice del Mercoledì del-

lo Champagne – dopotutto, l'aveva inventato lei! – era nostro dovere tenerne alto il baluardo.
Quel primo mercoledì di molti a venire, Ivette andò a recuperare tutto il necessaire. Nel frattempo, Audrina mi aveva aiutata a mettere Lavinia nella vasca da bagno. Dopo un'ora, eravamo sedute tutte e quattro sul letto, armate di flûte e di due bottiglie di Champagne francese.
«Ragazze, *ça va sans dire* che questo è un ottimo modo per superare una rottura» ha detto Ivette sorridendo. Lavinia non sembrava convinta.
«Per lei, però, ci vuole qualcosa di più forte di una sbronza con le amiche» ha obiettato Audrina, riempiendoci i bicchieri. Dal tono della voce, sembrava che fosse a conoscenza di qualcosa che a noi sfuggiva. Non ho sentito Lavinia sussurrare a occhi bassi: «È tornato con la sua ex» ma Ivette, che stava bevendo un sorso ed era più vicina, carpì la frase, rischiando di strozzarsi con il *perlage*. Audrina scuoteva la testa: evidentemente lo sapeva. Poi Lavinia iniziò a raccontarci dei dubbi che nutriva e del fatto che, secondo lei, lui la stesse tradendo da tempo.
«Dobbiamo passare al livello successivo. Dichiaro il grado Houston 2» dissi.

«È arrivato il momento di affittare un razzo e lanciare il suo ex nell'iperuranio?» chiese Audrina, con un'espressione raggiante.
«Proprio così!» conclusi.
«Un momento, ragazze. Un momento!» Ivette alzò la voce, spaventata. «Non me la sento. Non sono pronta. Vi voglio bene ma c'è un limite a tutto!»
Le misi un braccio intorno alle spalle e la tranquillizzai: «Non preoccuparti, è un metodo di zio Unfrido Tancredi Maria per sublimare la rabbia. Nessuno si farà male, promesso. Anzi». Lei non sembrava molto convinta ma io continuai: «Fate le valigie».

Il giorno successivo, raggiungemmo zio Unfrido Tancredi Maria, che si era ritirato per qualche mese in montagna. Viveva in una baita in Val Seriana, raggiungibile solo a piedi. Un luogo pacifico e immerso nel verde. Quando arrivammo era quasi il tramonto e lui ci attendeva con un Privacy Tonic in una mano. Aveva già preparato tutto.
Ci fece disfare le valigie e, una volta calato il buio, ci condusse all'esterno, sul retro della baita. Nel prato si ergeva un dildo gigante di cartone su cui spiccava una foto dell'ex fidanzato di Lavinia. Proprio a lei zio

Unfrido consegnò una scatola di fiammiferi, invitandola ad accendere la miccia.
Guardammo il cielo illuminarsi di variopinti colori, mentre il fuoco d'artificio irraggiava la montagna di fronte a noi, con uno spettacolare effetto di luce e consolazione.

SOLUZIONI PRATICHE PER RIPRENDERSI DALLE AVVERSITÀ EMOTIVE

Houston 5: il rischio è nullo.
Lui/lei attira la tua attenzione ma tu sei Schiaffalover da tempo e hai gli strumenti per capire subito che è un Bon Bon Bla Bla/Sciu Sciu di Legno. Oppure guardando il suo profilo Instagram scopri che è impegnat* e non vuoi turbare la serenità di qualcun altr*. Lasci perdere prima ancora di cominciare. L'autostima non subisce danni.
Strumento di difesa: barattolo di Nutella.

Houston 4: il rischio è basso.
Lui/lei ti piace ma nonostante i tentativi ti dice che non è interessat* a uscire con te. La prendi bene, dopotutto nemmeno l* conosci. Oppure vi sentite per un po' di tempo ma non vuole mai uscire con te: è

chiaramente una Sciu Sciu di Legno o un Bon Bon Bla Bla che ti lancia le briciole ma non ti consegnerà mai l'intero sfilatino. Non ci sono minacce imminenti. L'autostima ha bisogno di un piccolo assestamento. Strumento di difesa: Privacy Tonic con le amiche.

Houston 3: il rischio è medio.
Avete passato qualche bella serata insieme, tu ti sei già affezionat* e vorresti continuare ma sparisce. Siamo in presenza di *ghosting*. Oppure ti rendi conto di non essere titolare della squadra ma relegat* al ruolo di panchinaro. Sei al cospetto di un/una *bencher*. Se la tua autostima non è salda, potresti subire un contraccolpo non indifferente. Le amiche sono a un livello di prontezza superiore rispetto a quello richiesto in condizioni normali.
Strumento di difesa: giornata in spa o weekend al mare con qualcuno a cui vuoi bene.

Houston 2: il rischio è elevato.
La storia sta andando male ma tu vorresti recuperare e invece lui/lei ti lascia improvvisamente. Oppure scopri che lui/lei ti tradisce. Allarme Rosso. Scattano le misure di sicurezza ed è consigliabile chiedere consiglio o aiuto a qualcuno per superare il momento

difficile. Le amiche devono essere in grado di arrivare o essere raggiungibili telefonicamente entro il tempo massimo di sei ore.
Strumento di difesa: Il mercoledì dello Champagne e fuochi d'artificio. In alternativa iscriversi a un corso di boxe thailandese.

Houston 1: il rischio è senza pari.
Allarme massimo. Ti ha rubato l'auto. Ti ha manipolat*. Ti ha promesso amore eterno mentre ti tradiva con la tua migliore amica/il tuo migliore amico. Doppia infamia. Crollo imminente o già in corso. Le probabilità che tu riesca a riprenderti in tempi brevi sono pressoché nulle. È necessario un intervento esterno. Le amiche sono in stato di massima allerta.
Strumento di difesa: serie di sedute di psicoterapia.
E tanti tanti fazzoletti.

Nota: Ovviamente LE AMICHE di cui si parla in questo box possono essere anche GLI AMICI.

Schiaffa SUTRA

LO SCOPETTINO

Ivette aveva appena comprato casa e ci aveva invitate a inaugurarla. Eravamo in salotto a festeggiare (sedute per terra, dato che non aveva ancora deciso quale divano comprare) quando la padrona di casa si è diretta in bagno e ne è uscita stringendo in una mano la balayette *(l'arnese per pulire il water). Era nero. È iniziata una diatriba sul nome tecnico dello strumen-*

to: Lavinia sosteneva scopino, io scopettino, Audrina si limitava a versare il perlage nei bicchieri. Era un discorso troppo triviale, per lei. Non siamo riuscite ad arrivare a una conclusione (credo che avesse ragione Lavinia, comunque) perché all'improvviso ci siamo concentrate sul colore. Ivette era orgogliosissima della scelta, diceva che era très chic, io non ne ero molto convinta ma poi Lavinia è intervenuta a gamba tesa: «Ma sei matta? Così non vedi quando è sporco! Come fai ad averlo pulito se non sai quando è sporco? È come una relazione... Se nascondi il problema, non riesci a risolverlo». La tesi in effetti reggeva.
Audrina le ha dato man forte: «Sono d'accordo. Così non sai se la tua storia è pulita oppure no. Ai miei fidanzati ho sempre detto: "Se mi tradisci, dimmelo, così possiamo risolvere il problema, capire i motivi che ti hanno portato a farlo. E poi ovviamente legarti, e lavarti i denti con lo scopettino del cesso".». «Io lo scopettino glielo infilerei direttamente in Zona VIP» ha commentato Lavinia.
«Ah, vedi che si chiama scopettino?» ho detto io. Ivette era interdetta, ma dobbiamo averla convinta perché il giorno successivo è andata a comprarne uno bianco. Stavo giusto cercando una soluzione per una nuova posizione dello Schiaffasutra quando, rimembrando questo episodio, ho avuto l'illuminazione!

NECESSARIE: un plug anale.
ESECUZIONE: la persona che, tra le due, nell'ultima discussione ha avuto la peggio, deve inserire il plug. Non dimenticate di lubrificarlo prima di utilizzarlo. Stiamo pur sempre parlando di Zona VIP e ci vuole delicatezza. Divertitevi.

Capitolo 15

DOLCE UN PO' SALATO

Dopo qualche mese, diversi pacchi di fazzoletti, parecchi Mercoledì dello Champagne e svariate sedute telefoniche notturne e non, Lavinia ha iniziato a stare meglio. Una domenica pomeriggio, siamo fuggite da Milano. Dopo qualche ora eravamo sedute sul lungomare di Camogli. Io avevo in mano la focaccia appena sfornata, Ivette un gelato, Audrina una sigaretta, Lavinia una cartolina.
Osservando Ivette non sono riuscita a trattenermi e ho detto: «Ma Audrina vi ha raccontato di quello che cantava, durante?».

«Durante cosa?» ha chiesto Ivette.
«Credo si stia riferendo a un accoppiamento» ha detto Lavinia, mentre cercava una penna nella sua borsa.
Ivette ha ripreso a leccare il cono panna e fragola sorridendo in direzione di Audrina, e lei ha confermato: «Sì, è vero, cantava. Durante».
«Era un cantante?» ha chiesto Ivette.
«Faceva l'ingegnere» ha risposto Audrina.
«Scusa, ma se mentre vi stavate accoppiando canticchiava, forse è perché lo mettevi di buonumore!» ha detto Lavinia. L'espressione contrariata di Audrina ci ha fatte scoppiare a ridere.
«Ma cantava sempre la stessa canzone? O cambiava ogni volta?» ho chiesto.
«*Shut up*! Tanto lo sai già!» è sbottata lei, senza riuscire a stare seria.
«Ma noi no!» ha detto Lavinia, che ormai aveva trovato la penna e si apprestava a scrivere qualcosa sulla cartolina.
«*Gelato al cioccolato*. Ok? Cantava *Gelato al cioccolato* mentre ci accoppiavamo. Andando a ritmo con la canzone» ha dichiarato Audrina, aspirando la sigaretta con fare teatrale.
Ivette ha sputato il gelato, Lavinia si è bloccata e io ho guardato Audrina: «Be', puoi sempre dire che tra i tuoi ex c'è anche un cantante».

Ma lei ha replicato: «Siamo usciti per una settimana. Non puoi neanche dire che è stato un mio ex. Semmai, un errore di valutazione. Tu non hai nemmeno gli errori di valutazione, invece».

«In questo periodo sono impegnata con altro e non trovo nessuno di interessante» ho ribattuto io, serafica, guardando i pescatori che sistemavano le reti.

«Perché peschi col retino» ha detto lei. «Ma molla il retino e fatti un cretino!»

Ivette ha aggiunto: «In effetti non esci con qualcuno da tanto tempo. Lavinia è giustificata, ma tu dovresti darti un po' da fare. Aiuti sempre gli altri, risolvi i problemi come quel tizio in *Pulp Fiction*... Come si chiamava?».

«Quello aiutava a disfarsi dei cadaveri, Ivette, non so se l'esempio è proprio calzante» ha commentato prosaica Lavinia.

«Bisognerà trovarle comunque un Mister Qualcuno,» ha detto Audrina «avrei anche un tipo in mente.»

«Se è il cretino di prima, non sono interessata» ho sentenziato io.

«No no, lo chiamano il Jacques Cousteau del Massaggio Boccalico» ha detto Audrina.

«Sì, e durante canta *In fondo al mar* come il gambero della *Sirenetta*!» ha aggiunto Lavinia.

«A proposito, vi ho mai raccontato il mito sumero del Massaggio Boccalico?» ho detto, per distogliere l'attenzione dall'incontro combinato che le mie amiche erano intente a organizzare.
«Fammi indovinare. Te l'ha raccontato Tata Rosana?» ha chiesto Lavinia.

LA LEGGENDA DELLA BOCCA FELICE DI BABILONIA

La regina Kubaba era magnanima e generosa. La popolazione sapeva che poteva rivolgersi a lei per un aiuto, un consiglio o una ricetta per guarire dalle malattie. Nulla poteva andare storto con lei alla guida. Un giorno, la sovrana vide arrivare in lacrime una delle sue serve preferite e chiese subito cosa fosse successo. La ragazza le spiegò che il marito stava offrendo un sacrificio alla dea Ishtar presso la ziqqurat. Uscito dall'edificio, un serpente lo aveva morso all'improvviso. La regina Kubaba chiese subito che l'uomo venisse portato al suo cospetto. Quando arrivò, quasi in stato di incoscienza, trasportato a braccio da altri servitori, la sovrana domandò dove fosse stato morso. «Sul Bon Bon!» urlò la serva, prima di svenire. Kubaba non perse tempo: si chinò sull'uomo e, invocando il favore della dea Ishtar, di cui era devota, onde espellere dal suo corpo il veleno del rettile, prese a succhiare il Bon Bon del malcapitato che ormai stava per raggiungere l'altro mondo. La dedizione, la fede e la passione della regina Kubaba ebbero la meglio: l'uomo iniziò a mugolare sommessamente, poi cominciò a emettere suoni gutturali e profondi, finché non esplose in un urlo di gioia. Sfinito, si accasciò di nuovo sul pavimento. Era morto? Tutti si avvicinarono intimoriti e si accorsero che respirava sereno. Ancora una volta, la loro sovrana aveva risolto un problema apparentemente irrisolvibile. Venne istituita anche una scuola, dove chiunque poteva accedere e apprendere la salvifica arte che ormai veniva applicata anche sulla Sciu Sciu perché, nella sua immensa conoscenza, Kubaba aveva capito che quel taumaturgico Massaggio Boccalico doveva essere diritto di tutt*. L'avvenimento venne salutato con entusiasmo anche nella vicina Babilonia, dove tutti parlavano della Bocca Felice della regina Kubaba. Fu così che il suo regno, l'unico della terza dinastia di Kish, ancora oggi viene ricordato per la pace e la prosperità che lo contraddistinsero.

IL MASSAGGIO BOCCALICO, QUESTO SCONOSCIUTO

Il Massaggio Boccalico, questo sconosciuto.
Ci si impegna tantissimo e a mio parere non esistono casi senza speranza. Esistono persone che non si sono informate prima.
Dico da sempre di diffidare degli articoli online che promettono di insegnare «il metodo perfetto». La perfezione non esiste. In nessun ambito, tantomeno nel Massaggio Boccalico. E non esiste perché siamo tutt* divers*, quel che piace a te non piace a lei, quel che fa impazzire lui un altro magari non lo sopporta. Ma ci si può impegnare. Si può migliorare. Perché è vero, nessun* è perfetto, però qualche accortezza adottiamola.
«Errare è umano»: se alla maggior parte degli sbagli si può tranquillamente non dar peso, ci sono errori che possono cambiare una serata. E non in meglio, Schiaffalovers. Non in meglio.

«L'appetito vien mangiando»: sebbene alcun* abbiano per natura una marcia in più, non si nasce con il talento innato per il Massaggio Boccalico. La pratica fa migliorare, ma non dimenticate che la comunicazione è il fattore più importante. Non abbiate paura di chiedere cosa piace al/alla partner. Perché solo lui/lei può guidarvi nella strada del donare piacere.

CINQUE ERRORI DA NON FARE QUANDO TI APPRESTI A ESEGUIRE UN MASSAGGIO BOCCALICO

AVERE FRETTA. Il Massaggio Boccalico può essere la chiave di accensione dell'Accoppiamento Presto, ma per far partire la macchina non basta un colpo di lingua. Non sei un camaleonte.
IL DESERTO. Ottimo posto per prendere la tintarella ma una doccia è un miraggio. Volendo essere più chiari: lubrifica. I Massaggi Boccalici a secco no, no, no!
SE TI FA SCHIFO, NON LO FARE. Non c'è niente di peggio che vedere una persona che ti piace che si avvicina alla tua Sciu Sciu/al tuo Bon Bon con la stessa espressione di chi guarda *Nightmare 2* per la prima volta.

SEI ANNOIAT* e non ti va di farlo? Rinuncia: vorresti avere davanti qualcun* che guarda la tua Sciu Sciu/il tuo Bon Bon come se fosse un classico del cinema russo degli anni Venti?
AVERE SEMPRE LO STESSO RITMO. Se volete raggiungere l'Hallelujah, non potete pretendere di farlo salmodiando una litania.

INI, NON ONI ovvero QUATTRO ERRORI DA NON FARE QUANDO TI APPRESTI A ESEGUIRE UN MASSAGGIO BOCCALICO AL BON BON

• Addentarlo come faresti con il cotechino che tua nonna cucina divinamente per Natale. Bene i morsichINI, non i morsicONI.
• Non emettere alcun suono, come se fossi in un film muto. Ricordati, non sei Charlie Chaplin!
• Imitare i Teletubbies. Non parlare con il Bon Bon come se fosse un cartone animato. «Ma ciaoo! Ma quanto sei carino! Ma cosa ti faccio adesso? Eh! Eh! Cosa ti faccio?» Farebbe scappare chiunque. Soprattutto se è la prima volta che passate del tempo assieme.
• Chiacchierare. Nessun* partner vuole sapere perché hai litigato con il tuo capoufficio il giorno prima o

se hai saltato il pranzo, soprattutto se hai lo sguardo famelico da Accoppiamento Presto, perché potrebbe pensare che vuoi banchettare con il suo Bon Bon. Ma attenzione: se invece comunichi mentre hai Bon Bon in bocca, il Massaggio Boccalico si tramuta in un Massaggio Dirtelo-Boccalico.

NEL MEZZO DEL CAMMIN ovvero QUATTRO ERRORI DA NON FARE QUANDO TI APPRESTI A ESEGUIRE UN MASSAGGIO BOCCALICO ALLA SCIU SCIU

• Gita fuori porta. Ovvero vagare con la lingua senza una meta precisa. Talun* arrivano fino alla pancia. Cosa cerchino, tutt'ora rimane un mistero. Ha provato a scoprirlo anche Alberto Angela con scarsi risultati. È come andare alla ricerca di un ristorante senza aver consultato Tripadvisor e pretendere di mangiare bene. Ma fattelo dare un consiglio ogni tanto! Oppure chiedi agli amici. A meno che gli amici non facciano parte delle successive categorie.
• La Marisa, detta anche Leccapentole (per chi non sapesse cos'è: è la spatola in silicone inventata da una pasticciera che lavorava presso la corte di Francesco I di Francia, che probabilmente avete in cucina

anche voi). Sono quell* che ci girano intorno come sul bordo del gelato quando hai paura che si sciolga, usando la lingua come se fosse uno spatolone. Ma la Marisa, per quanto utile e simpatica, lasciala in cucina.

• Il Formichiere gigante. Ovvero chi utilizza la lingua a mo' di fiocina, sparandola nella Sciu Sciu a raffica. Il formichiere ce l'ha lunga sessanta centimetri ed è in grado di usarla fino a centocinquanta volte al minuto, ma guardalo nei documentari. Non imitarlo, altrimenti dovrai procurarti del ghiaccio per la povera Sciu Sciu malcapitata.

• Dante Alighieri. Quell* che resta immobile perché si perde nella selva oscura e spera che un Virgilio di turno arrivi a salvarl*. E di solito non arriva. A meno che non lo chiami al telefono e, chissà, magari con lui potresti divertirti molto di più e trovare la retta via.

Capitolo 16

THE FINAL CETRIOLO

Era l'inizio di febbraio, si avvicinava il periodo degli ultimi esami ed eravamo tutte molto, molto stressate. «Abbiamo bisogno di rilassarci, lo sai anche tu, anche se non vuoi ammetterlo. Passi la vita a studiare come si accoppiano i popoli più remoti del mondo e poi non riesci a conoscere un uomo a un metro da casa tua. Non ti sembra assurdo? Per fortuna, la prossima settimana è Carnevale. Martedì sera il marchesino Uberto da Gallarate ha organizzato una festa bomba. Io ho già pensato al mio costume. Per quanto riguarda il tuo... so che mi stupirai come tuo

solito» mi ha detto Lavinia al telefono, ricordandomi tra le righe di quella volta incredibile in cui a cinque anni mio padre aveva pensato che fosse carino vestirmi come l'opera più famosa di quel suo amico artista.
Già: Manzoni.

Ovviamente non avevo nessuna voglia di andare, *in primis* non avevo voglia di pensare al vestiario (ho quasi deciso di recuperare il costume da merda d'artista ma non sarei mai riuscita a entrarci) e poi avevo appena iniziato a scrivere la tesi e le ricerche erano più difficili del previsto. La mia relatrice mi aveva sconsigliato un argomento così esteso, ma il pensiero di esplorare la vastità di usi, costumi e tradizioni dell'accoppiamento animale dalla preistoria a oggi era troppo ghiotto per non raccogliere la sfida. Immersa com'ero nello studio, mi dimenticai completamente del party e la sera di martedì grasso, mentre ero intenta a sfogliare un tomo sulle abitudini del Polpo Argonauta, il campanello trillò un paio di volte. Quando andai ad aprire, mi ritrovai davanti Ivette vestita da postino che diceva ridacchiando alle altre: «Perché il postino suona sempre due volte!».

«*Perfect*, ma non c'erano postini in quel film» la contraddisse Audrina varcando la porta. Ivette guardò con aria interrogativa Lavinia, che si era limitata a fare spallucce. Il mio bilocale, silenzioso fino a un attimo prima, adesso era animato da risate e musica: Ivette si era lanciata sullo stereo armata di un CD che aveva portato da casa; Audrina – che indossava un completo bianco con camicia azzurra, cravatta e borsalino bianco, fascia azzurra sull'avambraccio e mocassini neri, chiaro omaggio al Michael Jackson di *Smooth Criminal* – aveva aperto il frigorifero alla ricerca di qualcosa da bere; Lavinia era in piedi di fronte a me, strizzata in un corsetto e con una gonna corta di tulle bianco, i capelli raccolti e un neo disegnato sulla bocca rossa. Mi fissava con sguardo di disappunto. «Perché non sei vestita da qualcosa?» mi ha chiesto. Avrei voluto fare una battuta sul suo costume da *Like a Virgin*, ma venni investita dalla musica a tutto volume. Con Ivette al comando dello stereo finiva sempre così.

Audrina senza scomporsi si dirige verso il mio armadio cercando qualcosa da farmi indossare, ma nella casa nuova ho portato pochi vestiti e non sono molto attrezzata. «Un momento!» dico rassegnata, mentre i Def Leppard cantano *Pour Some Sugar On Me*. «Da qualche parte dovrei avere un abito argentato.» Audrina dice: «E cosa mi significa nell'ambito anni Ottanta?».

«Chissene degli anni Ottanta» risponde Lavinia. «L'importante è uscire! Cos'altro ti serve?» mi chiede, come sempre pronta ad aiutarmi con il costume di Carnevale dell'ultimo momento.

«Una testa di pesce» le rispondo improvvisando, trattenendo una risata mentre Ivette balla e, presa dalla musica, nemmeno ci considera. Il risultato è approssimativo ma non male: l'abito traslucido aderente mi fa somigliare a una sardina senza pinne; in testa ho un cappellino argentato su cui abbiamo applicato due cerchi di carta con disegnata la pupilla.

«Sono pronta!» esclamo.

«Sì, per essere infornata» commenta Audrina.

«Da cosa sei vestita?» chiede Ivette.

«Da Pesce Perla» rispondo serafica.

«Non ho mai visto un Pesce Perla» dice la mia amica francese.

«Be', non è facile vederlo. Vive nella cavità di un altro essere marino.» Ivette sgrana gli occhi. «Dentro la Zona VIP di un Cetriolo di mare» aggiungo io. Audrina scuote la testa, Lavinia scoppia a ridere. Io, esausta, esco dalla porta boccheggiando, per entrare meglio nella parte.

Il locale è pieno di gente e ci sono costumi di tutti i tipi. C'è un Leone del *Mago di Oz* con muscolatura in bella vista, direttamente da *Kiss me Licia* un Mirko dal ciuffo arancione più che rosso, almeno tre aviatori alla *Top Gun*, una doccia in pieno stile *Karate Kid* (da cui a tarda notte avremmo visto sporgere un paio di piedi in più, quelli di Ivette), parecchie Jane Fonda pronte per l'aerobica, una Madonna diversa da quella di Lavinia, un Darth Vader incredibile e un Indiana Jones passabile.

Mentre ammiriamo la fauna carnevalesca, Audrina si avvicina per dirmi: «Non farti distrarre dalle maschere, ce n'è solo una che stasera deve interessarti».

«In che senso?» chiedo spaesata, mentre annuisco a Lavinia che dal bancone mi chiede se voglio un drink.

«Ti ricordi quando ti ho parlato di quello che chiamano il Jacques Cousteau del Massaggio Boccalico? Ecco, stasera è qui e io esigo che vi incontriate. Lo riconoscerai. Non voglio rovinarti la sorpresa.»
Sospiro.
«Sì, ok, fantastico. Ma sotto il vestito niente?»
«Macché niente. Se passassi a quel livello, ti troveresti davanti Joey Tempest» dice lei.
Io sono incredula: «Quello degli Europe?».
«*Yes, baby*» dice lei, pregustando l'incontro che aveva combinato. E conclude: «Sento nell'aria un *Final Countdown*».

Il mio costume argentato scintilla sotto le luci mentre mi agito in pista. Forse già inizia a farsi strada l'idea di creare il Balletto Imbarazzante, quando, tentando un passo di danza troppo ardito per il vestito strettissimo che indosso, scivolo. Prendo a girare come una trottola sul pavimento, tra le mie stesse risate e quelle delle amiche. Sono ancora per terra quando partono le prime note di *The Final Countdown*. Alzo lo sguardo cercando Audrina ma qualcos'altro cattura la mia attenzione. A una decina di metri di distanza qualcuno ha sparato delle stelle filanti. Fluttuano nell'aria. I fari colorati saettano, e

poi lo vedo. Avvolto da un alone di luce, i coriandoli che gli volano intorno. La musica che accompagna ogni suo passo mentre avanza. La folla che si sposta per lasciarlo passare, inebetita per via del suo costume incomprensibile ai più, ma non a me: un maestoso e imponente cetriolo di mare alto almeno un metro e ottanta. Quando mi arriva di fronte si ferma, allunga una mano e io adagio la mia nella sua mentre lui mi tira a sé, lasciandomi appoggiare alla morbida gommapiuma che lo avvolge. Dall'interno, sento una voce profonda che mi domanda: «Quante probabilità c'erano che alla stessa festa ci fossero un cetriolo di mare e un pesce perla?».
O meglio, questo è quello che mi sembra di capire perché, in realtà, la bocca è tappata dalla fedelissima riproduzione del cetriolone e l'imbottitura gli arriva fin sopra la testa dove c'è, ovviamente, il buco.

Senza pensare troppo al galateo, ho lasciato che le mie mani si insinuassero nel suo costume, come un carapide farebbe in natura con l'oloturia. Volevo vederlo per bene, prima che accadesse ciò che accade quando cetrioli di mare e pesci perla hanno un *rendez-vous*. Enorme è stata la sorpresa quando, davanti ai miei occhi, si è palesato Joey Tempest. I capelli lunghi biondi, gli occhi verdi, la faccia pulita. Sembrava di avere di fronte il vero cantante degli Europe. Ci siamo guardati per istanti lunghissimi, il tempo si è dilatato finché io non ho domandato: «Sei Joey Tempest?». Lui ha sorriso e, mentre la canzone faceva *tananana-tanananananaaaa tanana tananananananana*, ha detto: «Sono meglio. Sono Erasmo Canazza».

GELOSIA RETROATTIVA: ATTENZIONE È ABRASIVA

Quando comincia una storia e siamo pres* da quella persona, a volte può succedere che nella nostra testa qualcosa faccia: "Toc! Toc!". Aprendo la porta a questo pensiero chi ci troviamo di fronte?

«BUONGIORNO, SONO LA SIGNORA GELOSIA E DA ADESSO IN POI SAREMO COMPAGNUCCE DI VIAGGIO!»

Ebbene sì, quando ci sono di mezzo i sentimenti, non è raro che compaia.
Esser preda della gelosia è come avere lo scettro di Sailor Moon che però funziona a rovescio: non ti trasforma nell'eroina simpatica sbarazzina scintillante sensuale ma nell'antagonista di un qualsiasi cartone animato degli anni Ottanta, ovvero una frustrata

che cerca di rovinare la vita a tutti gli altri. O un frustrato, perché la Signora Gelosia non guarda in faccia nessuno, può entrare a casa di tutt*.
La verità è che in amore non siamo gelos*: abbiamo paura. La gelosia è solo una maschera. Ci spaventa la possibilità di non essere abbastanza, o di essere sostituit*.
E poi c'è il livello successivo: il timore del passato, il SUO passato, e di quel mostro che non deve essere nominato manco fosse Voldemort, ovvero il suo o la sua ex.

SOPRATTUTTO SE SONO RIMASTI AMICI.

Può succedere. L'importante è ridimensionarsi. Rendersi conto del problema e affrontarlo. E allora facciamolo!
Analizziamo i casi differenti:
1) Lui/lei cita spesso l'ex? Ti racconta di quando hanno fatto questo o quello, che bella vacanza hanno passato a, quanto si sono divertiti con, che bello è stato condividere il?

2) Lui/lei paragona l'ex a te? L'ex era più così, faceva più cosò, gli piaceva più cosà?
3) Lui/lei non nomina quasi mai l'ex ma tu sei andat* a guardare i suoi profili social e hai visto che (esempio) nelle foto sembra una bonona con la bocca da chiurlo e la spallina alzata perché si inquadra solo dalle sopracciglia al mento e assume pose plastiche da vera campionessa di Twister?
Soluzione per caso 1): Faglielo notare gentilmente. Se continua, mandalo affancactus.
Soluzione per caso 2): Mandalo affancactus direttamente e sparisci.
Soluzione per caso 3): Scrivi una lista delle qualità che SAI che l'ex ha, non quelle che PENSI che abbia per via delle foto che hai sbirciato online o per via della tua insicurezza. Le qualità reali. Le mega-qualità. Se non riesci a scrivere almeno cinque mega-qualità, prendi una palla, appiccicaci sopra un mocio, disegna due occhi e una bocca e inizia a prenderla a ceffoni immaginandoti che sia la ~~sua~~ TUA faccia. Perché se il/la partner non fa mai confronti con l'ex, se non riesci a scrivere almeno cinque mega-qualità reali dell'ex in questione, se pensi di aver voglia di prendere a ceffoni una persona che nemmeno conosci, sei tu a meritarti uno schiaffeggiamento facciale.

SCHIAFFA-THERAPY

Cara Doc,
sto con una persona
per dimenticarne un'altra.
Faccio bene o faccio male?

La verità è che sono ancora presa
dal mio ex, Scoiattolino.
Ci sto un po' sotto, ma non riesco
a lasciare la persona nuova.

Scoiattolina91

Cara Scoiattolina91,

può capitare che, dopo una brutta rottura, o una storia andata male, ci si metta con un'altra persona per tentare di dimenticare la precedente. Questa nuova persona è un Caronte o una Carontessa. Ovvero colui o colei che ci traghetta da una sponda all'altra, in teoria dalla sponda della sofferenza alla sponda della serenità. Solitamente, è inconsapevole di essere un Caronte/una Carontessa, e talvolta anche noi siamo all'oscuro di quello che stiamo facendo. Raramente queste storie durano, ma in alcuni casi invece vanno avanti anche per anni. È normale che pensi ancora all'ex, stando con un Caronte, perché dovrebbe essere una storia di passaggio.

Però, nel momento in cui ti rendi conto che stai con qualcuno perché senti il bisogno di non stare sola, o qualsiasi altra motivazione tu abbia, insomma

nel momento in cui ti accorgi che stai usando come uno psicopompo/psicopompa questa nuova persona, il mio consiglio è abbandonare la galea il prima possibile, perché succederà comunque quando raggiungerai la riva della serenità, quando sarai abbastanza forte da stare da sol* e ti renderai conto di non aver più bisogno del supporto carontesco. Pensi di non saper nuotare? Mettiti due braccioli e sgambetta! Eviterai di soffrire quando dovrai lasciare la barca ed eviterai di far soffrire il Caronte o la Carontessa, dato che sono solo un rimpiazzo, per te, ma per qualcun altro potrebbero essere perfetti!
Lasciali navigare via sul loro pattino e nuota coraggiosamente! Su su!

Capitolo 18

IL COCCODRILLO COME FA? C'È QUALCUNO CHE LO SA!

Consapevoli che fossi impegnata a esplorare nuovi abissi del piacere, le mie amiche sono state molto felici di non vedermi per una settimana intera. Durante la seconda, sono state accondiscendenti sapendo che ero intenta a sperimentare le più recenti scoperte della Boccalicologia. Ma la terza settimana di fila non hanno resistito, non sapendo assolutamente nulla di come stava andando con il famoso cetriolo di mare.

«Be',» ho detto quando me le sono trovate davanti, sedute in fila sul divano, che mi guardavano in trepi-

dante attesa «non posso negarlo: c'è grande intesa.» Audrina ha annuito soddisfatta.
«Dicono che sia pieno di donne, la sua ex è una modella australiana. Ma come fai a non essere gelosa?» mi ha chiesto Lavinia.
Io non ero per niente turbata: «Usciamo insieme da tre settimane, mica mi aspetto una proposta di matrimonio. E poi ho ideato un metodo per la gelosia retroattiva». Mentre ne svelavo i segreti, mi sono messa a preparare l'occorrente per il mio lavoro serale; ero già in ritardo. Una volta terminato di esporre la mia tesi, ho notato Ivette annuire soddisfatta: «Mi sembra un ottimo metodo! A me non serve, però. Non mi è mai successo di essere gelosa di una ex».
«Eh, certo,» ha commentato Audrina «perché ti sei trovata solo casi umani che prima di te non voleva nessun'altra.»
Poi mi ha guardata e mi ha intimato: «Puoi sederti un attimo e appoggiare quegli spartiti, *please*? Tanto non suoni per davvero». Da qualche mese facevo la tastierista finta in un gruppo di liscio. Un caro amico di nonna Evelinda Gertrude Mignonette era il leader di una piccola orchestra, aveva avuto una defezione alle tastiere e la nonna mi aveva pregato di aiutarlo. Io mi sono sempre dilettata con l'ukulele, non sapevo nulla

di pianoforti e le ho consigliato di mandare Mister David, ma la nonna ha insistito e il suo amico mi ha confessato che molte band suonano con le basi registrate. Quindi il mio impegno era solo sorridere e muovere le dita sui tasti, possibilmente a tempo. Essendomi adeguatamente allenata con il Massaggio Ditalico, ho scoperto che improvvisare aggraziati gesticolii di mano era facilissimo per me. E devo ammettere che è stato uno dei lavori più divertenti che io abbia fatto. Ero bravissima a suonare per finta.

«Erasmo dice che gli piace molto la mia intonazione vocale durante il Momento Frizzantello» ho svelato. «Purtroppo con il Massaggio Boccalico non è così bravo come dicono.»

Lavinia era sconvolta da questa notizia e ha sussurrato: «Ti prego non dirmi che hai finto il Momento Frizzantello!».

Ho sorriso prima di risponderle. «Per chi mi hai preso? L'unica cosa che fingo di fare è suonare la tastiera» ho detto mentre riponevo gli spartiti nella borsa. «Ma abbiamo risolto il problema grazie a un libro che sto studiando per la tesi, ovvero *Le meravigliose prodezze dei loricati.*»

C'è stato un attimo di silenzio, finché Lavinia è esplosa in un: «I loriché?» e io ho chiarito: «I cocco-

drilli. E si è ispirato così tanto che venerdì partiamo per l'Egitto. Adesso però devo proprio uscire, la mia band mi attende». (Audrina ha alzato un sopracciglio) «Stasera Erasmo viene a vedermi suonare e cominciamo con *Perdere l'amore.*»

«Altro che perdere l'amore. L'amore l'hai trovato!» ha chiosato Ivette, in preda al solito entusiasmo. L'ho guardata di sottecchi e ho detto: «È diventato così bravo che quasi quasi temo di perdere la Sciu Sciu».

NON LASCIAMO CHE IL COCCODRILLO SI ESTINGUA

Sulla sponda del fiume Nilo, e più precisamente sul promontorio del Kôm Ombo, sorge un tempio dedicato a diverse divinità tra cui Sobek, il Dio Coccodrillo, che prometteva protezione e fertilità ai propri adoratori. Nell'Antico Egitto, il coccodrillo veniva anche utilizzato come animale da compagnia, benché non siano pervenuti racconti di prima mano né tecniche sull'addestramento di questo splendido animale che immagino molto tenero nell'intimità. È studiando questo possente arcosauro e i suoi movimenti che ho capito quanto potesse essere utile al genere umano. Non solo come animale da compagnia.

Andiamo con ordine.

La maggior parte delle persone pensa di saper fare il Massaggio Boccalico alla Sciu Sciu.

Però nel 70% dei casi non è vero.
Come ovviare a questo problema?
Semplice: con la *Tecnica del Coccodrillo*!
Ma il coccodrillo come fa?

Innanzitutto il coccodrillo si immerge, ma ogni tanto controlla. E allora mentre la tua lingua sta lavorando al Massaggio Boccalico, a un certo punto prenditi una pausa, alza la testa e, come un lesto loricato, muovi gli occhi e controlla le reazioni della partner.
Non le piace? Allora cambia movimento! Ha gli occhi rivoltati all'indietro ed è in preda agli spasmi? Stai andando benissimo! Oppure è in shock anafilattico e allora è il caso di chiamare un'ambulanza, ma niente panico!

Recenti studi scientifici hanno dimostrato che questa tecnica, oltre ad aumentare la comunicazione tra partner, è anche in grado di farti sviluppare l'amore nei confronti della natura e del mondo animale.
Quindi non è vero che non c'è nessuno che lo sa, come fa il coccodrillo! Io lo so e te lo sto insegnando. Fanne buon uso, Schiaffalover.

Capitolo 18

LA LEGGENDA DEL FUGU BIANCO

Erasmo e io eravamo diventati inseparabili.
Il viaggio in Egitto ci ha portati a scoprire per la prima volta il mondo, insieme. Io avevo passato moltissime estati a Lanzarote, nella residenza estiva della mia famiglia, lui invece aveva già viaggiato tanto, era molto più pratico di me, benché entrambi condividessimo la voglia di conoscere nuove usanze e costumi.
Negli ultimi due giorni avevamo esplorato le piramidi del nord. Prima di proseguire verso sud avevamo deciso di passare una notte nel Deserto Bianco. Le guide stavano sistemando il nostro accampamento.

Nei giorni precedenti avevamo potuto ammirare i geroglifici, che fino a quel momento avevo visto solo raffigurati nei libri.
Io ero sempre pronta a formulare nuove tesi ed Erasmo mi incoraggiava. Mentre il tramonto rendeva il luogo ancora più magico e ci veniva servito un tè, ho preso a elaborare un pensiero. «Sai,» ho esordito «contemplando quei segni scolpiti non ho potuto fare a meno di pensare che forse avevano anche un'altra funzione, oltre a quelle che ci hanno spiegato.»
Erasmo mi ha guardato perplesso. «Ah sì? E quale?» ha chiesto mentre si accomodava vicino a me, disteso su un tappeto.
«Ho sfiorato le incisioni e a mio parere suggeriscono una forma primitiva di Accoppiamento Messaggistico. Pensaci. Era un ottimo modo di comunicare. Potevano raffigurare le tecniche di Accoppiamento che avrebbero voluto provare con l'altra persona. E secondo me i Faraoni ne conoscevano diverse.» Erasmo mi guardava sorridendo e io ho sorriso di rimando. «Cosa c'è? Be' sì, è una tesi non convenzionale ma...»
«No, no,» ha detto lui affabile «è molto convincente. Ma con l'andare del tempo l'umanità ha dovuto evolversi, quindi come hanno continuato a scriversi?»
Non ho dovuto pensarci molto: «Coi piccioni viag-

giatori; dopotutto sono stati proprio gli Egizi a utilizzarli, tra i primi. Devono aver capito che forse scrivere sui muri non era così comodo. Per leggere quello che l'altro aveva da dire, una persona doveva passare proprio di lì. Difficoltoso, no? Ed è noto che i piccioni venivano usati in missioni delicatissime, in ambito militare, ma non solo». Ero sempre più convinta che la tesi reggesse. E lui continuava a incalzarmi sorridendo: «E la stampa?». Come illuminata – e in effetti lo ero, il fuoco era stato acceso poco prima – parlando mi sono diretta verso la fonte di calore, invitando Erasmo a seguirmi. «Inventata da Gutenberg per ovviare al problema della riconoscibilità della calligrafia, è chiaro!» Erasmo si era seduto di fronte al falò; io ero ancora in piedi, ebbra del mio arditissimo assunto. «Pochi sapevano scrivere, quindi la calligrafia e il suo autore erano facilmente identificabili, così Gutenberg, per avere un po' di anonimato, ha portato in Europa una scoperta orientale. Bene, direi che il caso è chiuso» ho annunciato. Ero esausta, ma felice.

La nostra guida e gli accompagnatori erano andati a dormire. Eravamo rimasti soli nella notte egiziana. Era calato il silenzio, fino a quando Erasmo non mi ha detto: «A proposito di Oriente, vieni a sederti.

Vorrei raccontarti una storia». Io mi sono accoccolata di fronte al fuoco, lui era dalla parte opposta. Alle sue spalle, il cielo puntellato di stelle. Si è fatto serio, e poi ha cominciato a parlare.

«Tanto tempo fa, in Giappone, il sommo maestro del Clan del Fugu Bianco Ishinori Figaza stava facendo il bagno in un *onsen*, contemplando qualsiasi cosa un uomo dal potere infinito come Ishinori Figaza potesse contemplare, quando un adepto dell'Ordine del Mamushi comparve e si immerse anch'esso nell'acqua. In una pressoché inspiegabile dimostrazione di generosità, Ishinori Figaza rivolse all'adepto un impercettibile cenno di saluto. Il cenno non fu ricambiato.»

Erasmo ha fatto una pausa, che ha reso il racconto ancora più avvincente.

«Intenzione dell'adepto era forse quella di insultare Ishinori Figaza? O forse non era egli riuscito a vedere il generoso gesto? Le ragioni dell'adepto restano ignote. Ma sono note le conseguenze. Il mattino successivo, Ishinori Figaza si presentò al tempio dell'Ordine del Mamushi e pretese che il gran sacerdote gli offrisse il suo Bon Bon da tagliare per rimediare all'insulto. Il gran sacerdote all'inizio cercò di consolare Ishinori Figaza, ma ben presto si accor-

se che Ishinori Figaza era inconsolabile.» Io stavo trattenendo il fiato, desiderosa di sapere come proseguisse la vicenda; Erasmo non mi fece aspettare: «Così cominciò il castigo dell'Ordine del Mamushi e di tutti i sessanta adepti che ospitava, per mano del Fugu Bianco. E così cominciò la leggenda della *Tecnica dell'esplosione del Momento Frizzantello con cinque colpi del mignolino*».
«*La Tecnica dell'esplosione del Momento Frizzantello con cinque colpi del mignolino*?» ho domandato, esterrefatta.
Erasmo ha continuato: «È semplicemente la mossa più estatica e piacevole di tutte le tecniche di Accoppiamento. Lui ti colpisce con la punta del mignolino e comprime cinque punti diversi del tuo corpo e poi ti lascia andare via. Ma appena hai fatto cinque passi, provi il più grande Momento Frizzantello della tua vita. E sarai in grado di raggiungere sempre il piacere, poiché il piacere sarà sempre con te».
«E te l'ha insegnata?» ho chiesto, rapita dal racconto. Erasmo ha scosso la testa, affranto. «Il maestro Ishinori Figaza non insegna a nessuno la *Tecnica dell'esplosione del Momento Frizzantello con cinque colpi del mignolino*» ha risposto, con visibile rammarico. Sembrava frustrato da questa affermazione.

Ma io ero così colpita da quello che mi stava rivelando che non ho potuto fare a meno di notare: «Ma se Ishinori Figaza voleva vendicarsi, perché ha fatto provare il Momento Frizzantello alle persone che l'avevano offeso?».

«Perché» ha decretato Erasmo «il sommo maestro era consapevole che la freddezza e la maleducazione dell'Ordine del Mamushi derivava dal non aver mai provato un Momento Frizzantello degno di nota. E talvolta il castigo migliore è provare compassione per chi ti ha mancato di rispetto e insegnargli la differenza.»

Stavo riflettendo su quello che mi stava dicendo Erasmo e ho domandato di getto: «Ma allora Ishinori Figaza è la persona più illuminata che esista?».

E lui ha continuato: «No. Non credere che il sommo maestro sia benevolo. È capace di punire duramente chi l'ha oltraggiato con la *Tecnica dell'inversione del Momento Frizzantello con cinque colpi del mignolino*. Se a suo giudizio l'affronto è irrimediabile, non esita a praticarla. E chi ne è vittima sarà in grado di provare solo il Momento Frizzantello *interrotto*».

«Ma è terribile» ho sussurrato io.

«Fosse l'unica cosa terribile che sa fare» ha detto lui.

«In che senso?» ho domandato.

«È un tremendo maschilista. Mi hanno detto che con

la vecchiaia è addirittura peggiorato. Ora non ammette adepti maschi, ma solo donne» ha replicato lui «e non voglio nemmeno illustrarti altre becere abitudini. Non parliamone più.» Poi Erasmo si è alzato in piedi, ha preso un lungo respiro, si è voltato verso di me sorridendo e mi ha aiutata a fare lo stesso. La tenda ci aspettava. Così come lunghi e piacevoli Accoppiamenti Presto nel bel mezzo del deserto egiziano.

CONSIGLI UTILI PER L'ACCOPPIAMENTO MESSAGGISTICO

Forse i geroglifici non servivano per fare *sexting*, e sicuramente Gutenberg aveva altro per la testa quando ha elaborato la tecnica della stampa. Tecnica che però mi permette di lasciarti nero su bianco qualche suggerimento su come gestire la pratica dell'Accoppiamento Messaggistico ai giorni nostri.

Se ti dovessi trovare nella condizione di non poter vedere la persona che ti piace per potervi Accoppiare Presto, o se il tuo gusto si orienta di più verso la scrittura, ecco qualche utile consiglio!

• Siete (almeno) in due e questo è quindi un dialogo. Mantienilo tale. Entrare in punta di piedi è sempre buona cosa. Abbi apertura mentale e gentilezza. Evita di riversare subito addosso all'altr* tutte le tue fantasie più sfrenate come se avessi scoperchiato il vaso di Pandora. Non scrivergli/le *Guerra e pace* in un messaggio solo. Va benissimo condividere passioni e sensazioni, ma se non sei James Joyce qualche virgola usala ogni tanto. Almeno all'inizio.

• Emoticon: grande dibattito. Usarle sì, usarle no, usarle forse. Ottime per esprimere stati d'animo, sconsigliate dai più per quanto riguarda l'Accoppiamento Messaggistico. Se proprio non puoi farne a meno, fai in modo che siano facilmente interpretabili. Non obbligare l'altra persona a scervellarsi per comprendere cosa volevi dire con la combinazione fiore-libro-goccia d'acqua-orsetto-pattini-banana. Se invece vuoi farle/gli sapere che il tuo desiderio recondito è la posizione Circo Togni dello *Schiaffa-sutra*, la giusta sequenza è questa:

• C'è chi preferisce le foto raffazzonate e chi gradisce dettagli curati. Ma credo che tutt* converranno con me quando dico che ricevere una foto con sullo sfondo i piatti sporchi impilati in cucina e un poster di Peppino di Capri farebbe passare la voglia a chiunque. O forse no? Al sondaggio che ho fatto, la maggior parte degli uomini ha risposto: «Basta che si veda bene». A ognuno il suo allora!

• C'è anche la possibilità di mandare un messaggio vocale, perché non sfruttarla? Non tirarla per le lunghe, onde evitare di renderlo un monologo, ma sentire la voce dell'altra persona è sempre uno stimolo interessante. Se la tua voce non ti piace, potresti anche utilizzare clip audio tratte da qualche film, ma scegli con estrema cautela: mandare la voce di Tinky Winky dei Teletubbies potrebbe non dare l'effetto sperato.

• Se stai per mandare una foto particolare, magari segnalalo preventivamente, anche con un messaggio ironico. Va bene l'improvvisata, ma se è in coda alla cassa del supermercato o al battesimo del nipotino, forse è il caso di fargli/le sapere che in quel messaggio c'è la sorpresona.

• Non sottostare all'altr*: se non gradisci il modo in cui si approccia alla cosa, dillo.

• Sai che esistono messaggi istantanei e foto che possono essere aperte solo una volta? Se non conosci bene la persona a cui stai scrivendo, approfitta della tecnologia e tieniti alla larga da possibili futuri problemi.

• E ultimo, ma non meno importante: controlla a chi stai inviando quel messaggio. Mandare il tuo Bon Bon o la tua Sciu Sciu nel gruppo WhatsApp dei genitori dell'asilo non è mai una buona idea.

BON BON
NO!

Se invece ricevi la foto di un Bon Bon non gradito, di cui non hai fatto richiesta, che spunta come un fungo velenoso tra i tuoi messaggi, hai diverse possibilità di risposta.

1) Rispondere con la foto di un righello.

2) Rispondere con la foto di un Bon Bon. Fattene prestare una dal fidanzato, da un amico, prendila da internet, fai una gita a Firenze e fotografa quello del David di Michelangelo.

3) Rispondere così: «Hai delle piccole macchioline vicino alla punta. Quello è quasi sicuramente un condiloma. Buona vita!».

Qualunque sia la tua scelta, ricordati: dopo che la persona ha visualizzato il messaggio, bloccala.

Schiaffa SUTRA

Schiaffa SUTRA

Mi è capitato di leggere un articolo americano che parlava delle persone che non riescono o non vogliono evitare di guardare il proprio telefono, nemmeno nei momenti in cui sarebbe opportuno farlo. I dati parlavano chiaro: più del 40% delle persone intervistate diceva di controllare il cellulare anche durante un appuntamento, mentre alla domanda: «Preferiresti rinunciare per un anno ad accoppiarti o a utilizzare il telefono?» il 41% ha risposto che avrebbe tranquillamente rinunciato ad accoppiarsi. Curiosamente, la stessa percentuale di persone ha dichiarato di passare più tempo sul telefono che con la persona che ama. Un altro sondaggio, stavolta inglese, riportava che molte persone controllano il cellulare durante l'Accoppiamento. Stavo passeggiando insieme a Perlo – bisogna fargli prendere aria, ogni tanto, altrimenti il suo sistema di areazione va in tilt – quando è arrivata l'illuminazione: se è questo che alcune persone vogliono, è giusto che lo Schiaffasutra *si adegui. E allora via, di corsa alla Palestra Schiaffazza, per elaborare una nuova posizione!*

NECESSAIRE: *mancanza di voglia + un libro + un telefono.*
ESECUZIONE: *un* dei due si sdraia supin* sul letto, l'altr* si posiziona sopra, in perpendicolare, pron* (creando un +). Chi sta sotto tiene il libro, chi sta sopra il telefono. Si è obbligati a leggere durante l'accoppiamento.*

Capitolo 19

LAPPONIA, L'AURORA E TU

La natura selvaggia ammantata di neve sprigionava una luce al contempo fredda e splendente. I cani correvano trainando la slitta in direzione del posto in cui avremmo passato la notte. Stavamo percorrendo la strada verso il Mar Glaciale Artico ed Erasmo mi stringeva a sé, sotto una folta pelliccia. La nostra storia andava avanti da quasi un anno ed eravamo felici. Eravamo partiti per la Lapponia per festeggiare i rispettivi traguardi appena raggiunti: io avevo concluso il Master Clito insieme al grandissimo Walter Winny Water; Erasmo era diventato

professore ordinario in Antropologia e aveva anche ricevuto i fondi per la ricerca del Punto C: una parte del corpo che, se stimolata, può provocare un piacere senza paragoni. C'era grande curiosità e attesa nel mondo accademico intorno a questo studio.
Erasmo – o, come lo chiamavo nell'intimità, professor Canazza – si era ormai abituato alla mia chiassosa e originale famiglia, ma alcune cose lo incuriosivano ancora. «Perché tuo padre, tuo nonno, insomma tutti i tuoi parenti maschi, si chiamano anche Maria?» mi ha chiesto. La slitta nel frattempo continuava ad avanzare nella tundra immacolata. «Perché la capostipite della famiglia, Cleonice Edena Tillandsia, ha imposto che a tutti i discendenti dotati di Bon Bon venisse aggiunto un nome da donna, per bilanciare in modo silente l'influenza del patriarcato. O per ricordare a tutti chi davvero comanda in famiglia» ho risposto. Le parole uscivano dalla mia bocca insieme al respiro condensato in nuvolette.
«Aspetta. Ma Roderigo Maria ne ha solo due» ha obiettato lui.
«Be', Maria c'è. Però mia madre si è rifiutata di dargli il terzo. Temeva potesse avere, oltre a tre nomi, anche tre Colleoni» ho concluso mentre un brivido di freddo mi coglieva alla sprovvista. Eravamo entram-

bi sbalorditi dalla natura incontaminata; da lontano si iniziava a scorgere la struttura in cui avremmo aspettato l'Aurora Boreale. «Se dovessimo fare un figlio, possiamo dargli un nome solo o mi devo preoccupare per i Colleoni?» ha domandato a un tratto Erasmo.
«Mi sembra un po' presto per parlarne,» ho risposto «ma ti anticipo che se nascono due gemelle come è stato per tua nonna, io insisterò per chiamarle Tundra e Taiga.»

Le stanze erano a forma di igloo, con il tetto di vetro da cui si poteva ammirare il cielo limpido e il mutare della luce. Le stelle sfavillavano nella notte polare, quando Erasmo mi ha chiesto di uscire. Io non avevo nessuna voglia di barattare il tepore della stanza con il gelo che avremmo trovato all'esterno. Ma lui ha insistito e io, come sempre, l'ho accontentato. Dovevo essermi vestita troppo poco, perché una volta fuori ho iniziato quasi subito a tremare. Abbiamo circumnavigato la struttura fino ad arrivare all'altezza della nostra stanza, da cui giungeva una piccola luce che Erasmo aveva lasciato accesa. Saltellavo per cercare di riscaldarmi e volevo rientrare quando lui si è inginocchiato davanti a me, mi ha preso la mano guantata e mi ha detto: «Sposiamoci. Siamo fatti l'uno per l'altra. Non c'è niente al mondo che desidero di più». Io mi sono fermata improvvisamente, ma la mia testa andava su e giù per il freddo.

«Stai dicendo di sì o è un principio di assideramento?» mi ha chiesto, preoccupato.

«Sto dicendo di sì» ho risposto con un filo di voce «ma devi riportarmi dentro o finirai per sposare un surgelato.» Ci siamo abbracciati stretti stretti e siamo corsi dentro. Quella notte è successo di tutto: dall'Aurora Boreale, all'anello fino a uno degli Accoppiamenti Presto più indimenticabili della mia vita. Arrivò quasi subito mattina; le mie mani carezzavano i capelli di Erasmo mentre, sdraiati sul letto, osservavamo l'alba. Senza voltarmi gli ho sussurrato: «Dimmi qualcosa che non sa nessuno».

Lui ha inspirato profondamente. Poi ha detto: «Quando esco dalla doccia mi phono il Bon Bon».

ZONA VIP MA NON PRIVÉ

La pesca. Il mappamondo. La fortuna. Il popporoppò. Il cuscino del re. Il panettoncino. Il morbidone. O come si chiama nello *Schiaffabolario*: la Zona VIP. VIP sta per «Vorrei Inserirmi, Posso?». L'area è infatti delicata e, se in generale è doveroso avere rispetto dei corpi altrui, qui l'Accoppiamento Presto esige anche una domanda e una risposta ben precise. Alcun* se ne tengono ben lontano, per altr* è un territorio tutto da scoprire, per altr* ancora, invece, Indiana Jones era un esploratore pivello a confronto. Ma ricorda: è un terreno da battere in sicurezza. Se decidi di usufruire della Zona VIP, fai attenzione. Quello che viene inserito in maniera non consona potrebbe perdersi, causando non pochi disagi e anche parecchi danni.

OGNI MOMENTO È UNICO CON LO SCHIAFFEGGIAMENTO CULICO

Questa tecnica consiste nello schiaffeggiare amenamente la Zona VIP del/della partner con la cosiddetta mano a paletta.
Produce effetti piacevoli sotto diversi punti di vista. Ottimo per favorire la corretta circolazione sanguigna: chi lo riceve avrà un beneficio nella parte inferiore del corpo; chi ne è parte attiva, invece, metterà in movimento i muscoli superiori, dalle mani fino alle spalle. È anche, infatti, un ottimo modo per scaldarsi nella stagione invernale.

Inoltre, il suono dello Schiaffeggiamento Culico aiuta a prevenire la comparsa di acufeni e, ultimo aspetto ma non meno importante, è un ottimo alleato per scaricare lo stress.

Mi raccomando però: fatelo solo con chi ne è a conoscenza, non andate in giro per strada a elargire Schiaffeggiamenti Culici a sconosciut* perché non è una cosa bella da fare. No, no, no, no.

SCHIAFFA-THERAPY

Cara Doc,

io vorrei solo che il mio
Scoiattolino raggiungesse
il Momento Frizzantello: è il mio unico
obiettivo...
Chiedo troppo?
Mi aiuti lei a capire
come fare!

Scoiattolina91

Cara Scoiattolina91,
mi rendo conto che il pensiero di far raggiungere all’altra persona il Momento Frizzantello sia un traguardo a cui ognun* di noi aspira. Talvolta non è un’impresa facile da raggiungere.
Non è facile, soprattutto se uscite da poco, perché non conoscete ancora i gusti dell’altr*. E se ci sono problemi di comunicazione (anche solo semplice timidezza/riservatezza), questa condizione diventa ancora più difficile. Poi se l’altra persona non si è mai presa del tempo per scoprire cosa le piace, peggio ancora, perché anche se domandi, non riesce a dirtelo. I corpi, i gusti, i tempi sono diversi: non c’è una regola d’oro da seguire per far raggiungere il Momento Frizzantello. Pertanto il primo passo è chiedere all’altr* cosa gradisce di più e non partire dal presupposto di sapere come fare. Preferisce il Gioco dell’Oca o le Freccette? Magari vuole godersi tutto il percorso con gli stop, le rincorse, i turni

persi, gli imprevisti e le belle sorprese. Oppure propende per puntare al centro in modo veloce e non c'è nulla di male. Cercate di capire se l'altra persona gradisce di più il giro panoramico o l'autostrada!

E poi sfatiamo un mito: il Momento Frizzantello non deve essere per forza l'unico obiettivo! Qualcuno potrebbe dire: «Ma cosa sta dicendo, Doc? E allora che ci Accoppiamo Presto a fare?». Per darci piacere! Il piacere può assumere tantissime forme. Per cercare di stare bene e far star bene l'altra persona (o le altre persone, dipende sempre dal numero delle/dei partecipanti che invitate ad accoppiarvi con voi, come fanno per esempio le Corvine del Golfo che si accoppiano in gruppo e sono talmente rumorose da assordare i delfini). Ci sono un sacco di cose da fare prima o al posto del Momento Frizzantello!

Ma sempre e solo una da fare dopo: una visita dall'otorino nel caso siate delfini.

Schiaffa SUTRA

SLITTA DI BABBO NATALE

«A volte una stella non è ancora nata, ma già brilla» mi ha detto Erasmo guardandomi mentre, a cavallo delle renne, passeggiavamo nella natura innevata. La Lapponia ci aveva accolti con calore, nonostante il freddo, e di ritorno dalla gita notturna abbiamo deciso che volevamo renderle omaggio. Ma come fare? Ci siamo lambiccati il cervello per ore per capire come divulgare la bellezza di un Paese ospitale e innevato che nella tradizione era la dimora di uno dei personaggi più famosi al mondo, Babbo Natale. Improvvisamente ho avuto l'illuminazione: stavamo cercando troppo lontano, quando la risposta era lì, davanti a noi.

NECESSAIRE: *uno sgabello.*
ESECUZIONE: *chi vuole sedersi sulla slitta si mette in piedi sullo sgabello e poi si accuccia, il/la partner lo/la sorregge con le mani sui glutei.*
N.B.: *è possibile e consigliato aggiungere, davanti, delle renne.*

Capitolo 20

BANANE IN AMAZZONIA

Quando Erasmo mi propose di raggiungerlo in Amazzonia, dissi subito di sì. Era partito due mesi dopo il matrimonio e non lo vedevo da sei. Durante le poche telefonate che riusciva a fare, era sempre entusiasta delle sue ricerche sulle popolazioni indigene che abitano quei luoghi; ero molto curiosa di conoscere le sue nuove teorie sull'Accoppiamento. Lo raggiunsi presso la tribù degli Yanomamö e, mentre stavamo consumando un pranzo a base di banane e tuberi, una delle donne del villaggio indicò una banana, e poi me. Erasmo – che ormai riusciva a intendersi con la popolazione – aveva un'espressione perplessa mentre guardava quella signora dal sorriso gentile. Quando ho chiesto spiegazioni, mi ha detto che la donna mi stava invitando ad accoppiarmi con quella banana. «Mio caro, io sono ben disposta alla sperimentazione, e tu lo sai bene, ma sei proprio sicuro che la signora intendesse questo?» Lui era convinto di sì, ma fortunatamente la guida che viaggiava con noi, che parlava quasi perfettamente molti dialetti indigeni, mi spiegò che per gli Yanomamö il verbo mangiare è lo stesso che si usa per indicare l'accoppiamento. Tutti mi stavano guardando, in attesa di vedermi compiere un'azione. Ma quale? Avendo fame, ho scelto di assaggiare la banana, e mentre mettevo in bocca il frutto maturo tutte le donne annuivano compiaciute (ho ancora la convinzione che avessero intuito la mia tecnica di Massaggio Boccalico e ne fossero fiere, ma non posso darvi conferma di questa mia tesi). Con il passare dei giorni, sono venuta a conoscenza di un altro aspetto interessante della lingua degli Yanomamö: usano lo stesso termine per indicare una donna incinta e una donna sazia.

Dopo diversi giorni ci siamo spostati lungo le spon-

de del fiume Madeira, per raggiungere la tribù dei Munduruku.
A causa delle forti piogge, il viaggio è stato periglioso e siamo giunti alla meta stremati, ma gli indigeni, con cui Erasmo aveva passato i due mesi precedenti, ci hanno accolti con calore. Con mio grande stupore ho appreso che lì, presso i Munduruku, la Sciu Sciu viene chiamata *bocca del coccodrillo*. "Che l'epica Sciu Sciu coi denti fosse arrivata fin lì?" mi sono chiesta. "Che sia stata proprio questa tribù a ispirare il mito portato alla ribalta da Sigmund Schlomo Freud, che utilizzava l'immagine della Sciu Sciu Mordente per spiegare la sua ansia di perdere il Bon Bon?" Anche questa tesi mi sembrava poco probabile.
Nelle nottate successive, complici i rumori meravigliosi che animavano la foresta e le sperimentazioni di Accoppiamento Presto appesi alle liane, non ho potuto fare a meno di riflettere sulla leggendaria Sciu Sciu dotata di dentatura. Fantasia? Chissà. Leggenda? Pensandoci bene mi sono resa conto che la Sciu Sciu può farlo. Ebbene sì. Può mordere i cervelli.

SCHIAFFA-THERAPY

Cara Doc,

esiste qualcosa di peggio
di Sciu Sciu di Legno
e Bon Bon Bla Bla?

Scoiattolina91

Cara Scoiattolina91,

come ho detto in precedenza, la Sciu Sciu è magica e può evolversi improvvisamente. Può trasformarsi in Sciu Sciu Brillante, quella Sciu Sciu che tutt* vorrebbero incontrare, magari più volte nella vita.

Anche il Bon Bon può mutare da Bla Bla a BadaBon Bon e, nel momento in cui ti imbatti in lui, la tua vita può volgere solo al meglio.

Ma non sempre è così.

Se una Sciu Sciu di Legno resta in quello stato per troppo tempo e non trova motivi per cambiare, o se un Bon Bon Bla Bla gradisce particolarmente quella condizione perché a suo avviso porta solo vantaggi, si trasformano in Sciu Sciu Mordente e Bon Bon Stordente.

SUCCHIATORI E SUCCHIATRICI (DI ENERGIA): SE LI CONOSCI LI EVITI

Entrambi hanno la capacità di colpirti (metaforicamente): la Sciu Sciu Mordente ti morsica, come se fosse un vampiro; il Bon Bon Stordente ti colpisce, come se fosse una clava. Da quel momento sei in loro potere.

Diventi dipendente da quella persona, dal suo umore, dalle sue decisioni, e la particolarità è che non te ne rendi assolutamente conto. Intorno a te amici, parenti e conoscenti, invece, lo capiscono benissimo, ma tu no, sei convint* che lui/lei sia una persona stupenda e non ti opponi a nessuna sua decisione, perché ha sempre ragione.

Talvolta, avvenimenti fortuiti vengono in tuo aiuto, oppure la SSM o il BBS tirano troppo la corda e ti obbligano ad aprire gli occhi. Ma non sempre è così.

E allora, da cosa si capisce se siamo di fronte a una Sciu Sciu Mordente o un Bon Bon Stordente?

Semplice: dal fatto che ti senti sempre senza energie, che non sei mai padron* di quello che succede, che ti affidi a lei/lui per qualsiasi cosa.

In quel caso, allora, è opportuno prendersi un momento detox e chiarire la situazione (più con te stess* che altro). Ma se invece ci sentiamo senza energie al cospetto di un amico, un parente o un conoscente? Insomma se è qualcuno con cui l'accoppiamento non c'entra proprio nulla?
Allora è il momento di fare la conoscenza dei Ciuccia Ciuccia Energetici!

CIUCCIA CIUCCIA ENERGETICI

Chi sono? Persone che hanno la capacità e il potere di succhiare la nostra energia vitale.

Perché lo fanno? Gli studi scientifici in merito non hanno ancora prodotto dati certi, ma la ricerca continua.

Attenzione: non stiamo parlando di persone che hanno comportamenti particolari per via di una fase che stanno attraversando. Nei CCE il bisogno di succhiare le energie delle altre persone è cronico; spesso inconsapevole ma pericolosissimo per chi ha la sfortuna di incontrarli o di doverli frequentare.

Dove trovarli? Ovunque, purtroppo.

Cosa fanno? Una o più delle seguenti cose: tendenzialmente pessimist*, criticano costantemente gli altri (e se stess*), si lamentano in continuazione, amano interpretare il ruolo della vittima, hanno sempre bisogno di rassicurazioni e bramano stare al centro dell'attenzione. A volte ti fissano senza parlare, magari sospirando, in attesa che sia tu a chiedere loro: «Come va?» (e questa è una delle loro trappole preferite). Spesso tali comportamenti vengono attuati con sottili dinamiche, anche passivo-aggressive, a volte così ben nascoste da non essere rilevabili nemmeno da occhi esperti.

Come riconoscerli? Dopo aver incontrato un Ciuccia Ciuccia Energetico, ci sentiamo spossat* e prosciugat*. A volte addirittura di malumore. Molto spesso, sapendo di dover incontrare un CCE, ci passa la voglia di uscire.

Come liberarsene?
Stabilito che la persona in questione non sta passando un brutto periodo, ma è a tutti gli effetti un Ciuccia Ciuccia Energetico, possiamo mettere in atto due step: il primo è parlare con il CCE ed esternare il nostro disagio; con tatto e gentilezza possiamo fargli sapere che il suo comportamento ci crea ... *[inserisci a piacere lo stato d'animo che ti caratterizza]*.
Il secondo è scappare il più lontano possibile: sparire, dileguarsi, svanire nel nulla. Il vero CCE molto spesso non ha nessuna voglia di cambiare. A queste persone piace tantissimo cibarsi dell'energia altrui e in questo caso il *ghosting* non solo è giustificato ma è caldamente consigliato!
Se non puoi emigrare altrove perché il Ciuccia Ciuccia Energetico fa parte della tua famiglia, del tuo nucleo lavorativo o della cerchia di amici, allora c'è un'altra soluzione: il metodo Meryl Streep! Ogni volta che il CCE inizia a lamentarsi, tu devi interromperlo e lamentarti di più di qualcosa che non c'entra nulla con il discorso che state facendo. Lamentati di cose assurde, costruisci tesi critiche e fantasiosis-

sime, rendigli pan per focaccia, cerca di divertirti dentro e fingi fuori. Devi recitare una parte, la parte del CCE alternativo, e devi recitarla talmente bene da farlo stancare della tua presenza. Mi raccomando: dopo che il Ciuccia Ciuccia Energetico ti ha lasciato, fatti una doccia per liberarti dalle tossine messe in circolo!

E se il CCE evolve, come la Sciu Sciu di Legno in Mordente o il Bon Bon Bla Bla in Stordente?

Allora diventa Pigna in Zona VIP.

Capitolo 21

L'AFRORE DEL RE SOLE

Per festeggiare il nostro primo anniversario di matrimonio, Erasmo e io siamo partiti per la Francia per goderci un weekend romantico.
Stavamo galleggiando su una barchetta a remi nel laghetto di fronte alla facciata principale della reggia di Versailles, ammirando la maestosità del palazzo, quando mi sono accorta che mio marito mi stava osservando amorevolmente. Ho sorriso, lui mi ha sorriso di rimando e poi dolcemente mi ha detto: «Sai che ai tempi del Re Sole già da questa distanza si poteva sentire la puzza?». Mi aspettavo qualcosa di più poetico, ma Erasmo era sempre sorprendente. Incuriosita, ho chiesto: «Quale puzza?».

«La puzza dei miasmi pestilenziali della nobiltà francese» ha risposto lui, serafico, ricominciando a remare per tornare verso la sponda. In effetti è difficile da credere, dato che nei film vediamo la regale magione sempre pulita e scintillante, ma in realtà i pavimenti erano ricoperti di paglia per facilitare la raccolta delle evacuazioni della corte. Me l'aveva raccontato nonna Evelinda Gertrude Mignonette.
«Poi lanciavano tutto dalla finestra, pare» ha continuato Erasmo mentre, raggiunta la riva, mi aiutava a scendere dall'imbarcazione. «Che sport interessante. Chissà se giocavano a chi lancia più lontano. Ma è vero» ho domandato «che il Re Sole si è lavato solo cinque o sei volte nella vita, o è una leggenda?»
«Be', mio tesoro,» ha risposto lui, camminando verso l'ingresso principale «l'acqua non veniva vista così di buon occhio, quindi potrebbe anche essere. Tieni presente che le nobildonne non si lavavano quasi mai la Sciu Sciu perché era un'attività che contraddistingueva le prostitute. Il bidet l'hanno inventato i francesi, ma non ne hanno fatto grande uso, a quanto sembra.» Continuando a chiacchierare, siamo arrivati fino alla grandiosa Galleria degli Specchi.
«Quindi una donna sporca era ritenuta una donna

onesta?» continuavo a porre quesiti, mentre ammiravo il salone. Anche se, devo ammetterlo, guardavo tutto con occhi diversi.
«Direi di sì» ha risposto Erasmo «e in questo esatto luogo, dove ci troviamo ora, poteva entrare chiunque, comprese capre e mucche per consegnare a domicilio il latte al Re. E non erano gli unici animali presenti, ovviamente. Poi c'erano i pidocchi. Orde di pidocchi» ha concluso lui. Io sono scoppiata a ridere e me ne ha chiesto il motivo.
«Non posso fare a meno di meno di pensare che un posto del genere sarebbe l'inferno di Audrina» ho detto, immaginando la mia amica fanatica del bello e della pulizia circondata da olezzo e bidet inutilizzati.
La visita proseguiva, così come la nostra conversazione. «In Giappone hanno unito il bidet al water» mi ha informato, e io di rimando: «A proposito, pensavo che sarebbe bello andare in Giappone. Mi piacerebbe approfondire le ricerche su Ishinori Figaza. Potremmo passare a salutare il tuo maestro».
Erasmo si è fatto livido in volto: «Io non credo che sia una buona idea, anche perché tu non parli la lingua, il viaggio è lunghissimo, e poi hai già tante cose da fare... no? Non avevi quel master da seguire in Canada?». Ho sgranato gli occhi, ma lui è andato avanti

con il monologo: «Non è che il water unito al bidet sia una cosa così interessante, ma poi c'è anche in Italia, sicuramente da qualche parte si trova, non credi? E in Giappone dovresti mangiare il pesce crudo, a volte nemmeno fa bene, sai? E poi il sake magari non ti piace. Te lo danno dappertutto. E se incontri la Yakuza? Cosa fai? Eh? Cosa fai?». Gli ho fatto cenno di calmarsi, la sua voce aveva assunto un tono acuto che mi era del tutto nuovo. «Perché non vieni con me in Botswana?» mi ha chiesto a un tratto.

«Pensavo volessi andarci da solo, per continuare le tue ricerche sull'accoppiamento delle tribù indigene» ho ribattuto.

«Sì, sì, è v-v-vero,» ha balbettato lui «ma mi farebbe piacere se tu mi raggiungessi a un certo punto, non saresti assolutamente d'intralcio e poi mi farebbe piacere.»

«Erasmo, l'hai già detto che ti farebbe piacere. Va tutto bene?» Lui mi ha preso per mano, la mano dove spiccava l'anello con il rubino che mi ha regalato quando mi ha chiesto di sposarlo. Se l'è appoggiata al petto e mi ha detto: «Se non andiamo in Giappone, va tutto benissimo».

L'afrore del Re Sole

PAESE CHE VAI, ACCOPPIAMENTO CHE TROVI

Nei miei viaggi (con e senza Erasmo) ho avuto modo di scoprire usanze e modi di dire che forse non tutt* conoscono. Originali, pittoreschi, (spesso) sessisti e sempre fantasiosi: tutti da scoprire (anche solo per capire se qualcuno, a tua insaputa, ti sta invitando a un Accoppiamento)!

Francia è sinonimo di alta cucina e la troviamo anche in queste frasi: *tremper le biscuit*, che non è distante dall'italiano, dato che anche noi diciamo inzuppare il biscotto, e nemmeno dallo spagnolo visto che si usa *mojar el churro*. Ma, a quanto pare, all'ombra della Tour Eiffel l'approccio ha anche un dolce contorno di marmellate: *faire des confitures*. E se la cucina non è tra i vostri hobby, potete dedicarvi allo sport, magari in casa: *je plante le javelot dans la moquette*. Il tiro non avrebbe molto slancio, ma son gusti.

Tornando al tema cucina, in Portogallo ci si può riferire all'Accoppiamento dicendo *afogar o ganso*. Il *ganso* è l'oca, i portoghesi non devono amarla molto dato che tentano di affogarla.

Anche in Argentina troviamo una metafora alimentare: *te parto como un queso*, che significa ti taglio come un formaggio.

In Inghilterra hanno gusti meno sofisticati e il loro *slap the salmon* viene riferito al Massaggio Ditalico ma anche agli schiaffetti del Bon Bon (su più superfici). Come sempre sono pratici. Infatti hanno anche espressioni tecniche: *I screwed someone* (letteralmente: «Ho avvitato qualcuno») oppure tattiche come *launching the meat missile* (lanciare il missile di carne, che però potrebbe anche essere un cotechino; in qualsiasi caso non utilizzate l'espressione *meat missile* a Natale).

Dovrò approfondire i miei studi, ma sembrerebbe che anche in Venezuela siano competenti e se qualcuno si rivolge a te dicendoti: «*Te mido el aceite*» sappi che sì, è traducibile con: «Ti misuro il livello dell'olio» ma non si sta candidando come tuo meccanico di fiducia, bensì come meccanico della tua Zona VIP.

«*Te gusta si te pongo mirando pa' Cuenca?*» Se qualcuno si rivolge a te con questa espressione in Spagna, sappi che potrebbe voler dire che ti sta invitando a volgere lo sguardo verso la bellissima città di Cuenca (patrimonio dell'Unesco dal 1996) ma più probabilmente che gradirebbe sapere la tua opinione riguardo a un Accoppiamento ad angolo retto, guardando verso l'orizzonte come in Titanic.

Non sono mai stata in Austria e dovrò fare ricerche in merito, ma mi dicono che anche lì c'è praticità. *Ihre kantine putzen* significa ripulire la cantina (forse viene usato per indicare un Accoppiamento dopo molto tempo che non si fa pratica? Devo assolutamente indagare). E poi c'è *das haus abreißen*, traducibile con demolire la casa: un programma molto chiaro e ben lontano dall'Accoppiamento soft.

E adesso prendiamo un respiro poetico, voliamo fino in Cina per scoprire che nella letteratura classica si usa questa splendida metafora: nubi e pioggia.

Ovunque tu vada, Schiaffalover, c'è sempre un nuovo mondo da scoprire e un nuovo modo per chiamare l'Accoppiamento.

SCHIAFFA-THERAPY

Cara Doc,

dopo tre mesi mollo Scoiattolino perché non abbiamo nulla in comune (a parte la passione per gli Avengers e il gelato gusto stracciatella); oltretutto, gli puzzava pure l'alito, ma dopo quattro mesi che l'ho mollato lo incontro per caso e resto allibita: si è trasformato! Adesso è un bonone da paura e io mi mangio le mani! Che fare?

Scoiattolina91

Cara Scoiattolina91,

è vero, può capitare di lasciare una persona per mancanza di interesse e interessi e incontrarla di nuovo trovandola trasformata. Adesso ha le braccia scolpite come Thor, ha l'*attitude* da Tony Stark, ha i capelli curati e non più unti come

Bucky (l'amico di Capitan America che però diventa cattivissimo perché i nazisti gli fanno il lavaggio del cervello ma poi rinsavisce dopo essere stato in vacanza a Wakanda).
E chissà se gli piace ancora il gelato alla stracciatella o è passato a gusti più eccentrici come il fico d'India, il gelso nero o il Malaga (... che tra l'altro è il *mio* gusto preferito).
Quando ci si ritrova in questa situazione si può reagire in due modi. Il primo è lamentarsi e chiedersi: "Perché non si impegnava così quando stava con me? Perché adesso va a farsi la pulizia dei denti e prima aveva l'alito che sembrava quello di un drago di Komodo?".
Il grande dubbio non sta nel rimettersi con lui o no, bensì nella paura di non valere abbastanza.
Ma il tuo valore non dipende da quanto si impegna l'altr*. Il tuo valore non ha niente a che vedere con l'altra persona.
Non cadere in questa trappola.
L'altro modo di reagire (spoiler: quello GIUSTO) è rendersi conto di aver fatto del bene!
Ebbene sì, hai fatto del bene a lui, che è palesemente migliorato, e hai fatto del bene alla prossima ragazza che verrà e

a cui lui offrirà il cono gelato e non solo. Guarda come gliel'hai preaprato bene! La carrozzeria adesso è un bijoux! Certo, non possiamo garantire sugli interni... Ma noi abbiamo fatto un buon lavoro. Sai perché? Perché siamo supereroine! E se è vero che *da grandi poteri derivano grandi responsabilità*, la nostra responsabilità è di lasciarlo andare e di non farci venire il dubbio di non valere abbastanza solo perché quella persona improvvisamente ha gli addominali di Capitan America.

Car* Schiaffalover che stai vivendo o hai vissuto una situazione simile (sì, dico proprio a te), questo discorso non vale solo per muscolature eccezionali, ma anche per curve da capogiro. Vi siete lasciat* e lei adesso si veste solo di fascianti e conturbanti tubini in pelle, è seducente come Vedova Nera e maliziosa come Cat Woman? Questo è ovviamente solo un esempio, ma qualunque sia la forma assunta, lasciala andare.

Schiaffa SUTRA

SWINGING IN THE RAIN

Adoro i caper movies, *i cosiddetti film del «colpo grosso» in cui una banda di ladri pianifica e compie una rapina, con risvolti comici. Uno dei miei preferiti è* Ocean's Eleven, *in cui la banda di George Clooney tenta di derubare il Bellagio, famoso casinò di Las Vegas.*

Di ritorno dalla Francia sono partita per l'America,

Schiaffa SUTRA

ero attesa a San Francisco per un seminario con la grandissima Ludwigia Von Claito, esperta nelle arti del Massaggio Ditalico. Dato che non ero lontana dal Nevada, ho deciso di fare una tappa per ammirare i giochi d'acqua delle fontane del Bellagio. E lì, nella notte ricolma di luci brillanti al neon, sembrava quasi di volare insieme a quegli altissimi spruzzi. È stato allora che ho avuto l'illuminazione per una nuova posizione dello Schiaffasutra. *Ho preso appunti, schizzando velocemente sul mio inseparabile taccuino. Non vedevo l'ora di raccontare a mio marito la nuova posizione. Ho preso il telefono ma subito mi sono ricordata che Erasmo era in Botswana e non avremmo potuto comunicare per diversi giorni. Allora sono rimasta lì, a rimirare il maestoso spettacolo acquatico delle fontane del Bellagio che irroravano la notte come una Sciu Sciu in preda all'estasi.*

NECESSAIRE: *altalena, pistola ad acqua.*
ESECUZIONE: *un* dei due siede sull'altalena, impugnando la pistola ad acqua; l'altr* si mette di fronte (non alle spalle) e spinge stando davanti. Quando l'altalena si avvicina, fa il Massaggio Boccalico a chi vi è sedut* sopra. La persona seduta annaffia il tutto, artisticamente.*
N.B.: *posizione difficile che prevede anche una parte estetica, astenersi se non si ha senso del ritmo, eleganza e un serbatoio adeguato.*